마을육아

펴낸이의 말

지금 여기에서 시작하는 마을육아

어떤 젊은 아빠들은 출근하면서 아내에게 다정한 목소리로 이렇게 말합니다.

"애랑 잘 놀고 있어!"

애랑 '노는' 일이 어떤 일인지 잘 모르는 남자들이 무심코 던지는 한마디에 엄마들은 상처를 입습니다. 독박육아에 힘들어하는 엄마들의 하소연은 아빠들은 상상하기 어려울 정도입니다. 동서고금을 불문하고 부모 노릇이 쉬운 일은 아니지만 한국 사회는 특히 더 어려운 듯합니다.

사실 엄마 혼자 육아의 짐을 도맡는 것은 인류사적으로도 매우 별난 경우입니다. 핵가족화와 도시화에 더해 아파트라는 고립된 주거 환경이 대세가 되면서 빚어진 한국의 특수 상황이라 할 수 있겠지요. 거기에다 부실한 보육 정책, 긴 노동 시간과 불안정한 고용 환경 등 다양한 사회적 원인들이 얽히고설켜 육아를 끔찍한 일로 만들고 있습니다.

인류사적으로 육아는 마을 전체의 몫이었습니다. 인간이 모여 살기 시작한 가장 큰 이유 중 하나가 아이를 기르기 위해서지요. 초원의 동물들과 마찬가지로 인간도 새끼를 돌보기 위해서는 무리를 짓지 않을 수 없습니다. 힘센 사자나 호랑이처럼 어미의 힘만으로도 새끼를 기를 수 있는 사람들은 마을 따위에 관심을 두지 않겠지만, 약한 동물들은 무리를 지어 새끼를 함께 기르는 것이 안전하고 힘이 덜 든다는 것을 압니다. 지난 이십여 년 동안 협동조합 방식의 공동육아어린이집이 전국으로 확산되면서 일반명사인 '공동육아'라는 말이 사실상 고유명사처럼 쓰이고 있지만, 원래 육아는 공동의 일인 것이지요. 아이를 함께 기르면서 어른들은 삶의 보람과 즐거움을 맛보고 문화를 축적해왔습니다. 그런데 그 일이 이렇게 '독박'을 쓰는 일이 되어버린 것은 우리 사회의 앞날을 어둡게 만드는 으뜸 요인이라 해도 그리 틀리지 않을 것입니다.

최근 대도시에서도 아이들을 같이 돌보고자 마을을 만드는 움직임이 일어나고 있습니다. 아파트촌에서도 아이들이 매개가 되어 이웃이 생기고, SNS라는 새로운 소통 수단 덕분에 지역을 넘나들며 다양한 모임들이 만들어지고 있지요. 하지만 대다수 사람들에게 마을은 옛이야기 속에나 나올 법한 것처럼 느껴지는 것도 사실입니다. '마을 살리기'가 특별시의 시정 목표가 되어도 낯설기는 매한가지입니다. 그래서 '마을육아'라는 말이 자칫 남의 동네 이야기처럼 받아들여질까 봐 조심스럽기도 합니다.

하지만 마음이 통하는 이들과 관계 속에 뿌리를 내리고 사는 것도 넓은 의미에서 마을을 이루고 사는 것 아닐까요. 한곳에 뿌리를 내리고 서로 도움을 주고받을 수 있으면 더 좋겠지만 잦은 이사나 이직이 이를 쉽지 않게 만듭니다. 그런 의미에서 마을육아는 공간적인 의미보다 관계의 의미로 받아들이면 좋을 듯합니다. 여기서 소개하는 마을육아 사례들은 가까운 지역에 모여 살면서 도움을 주고받는 경우도 있지만 대개는 꽤 넓은 지역에 흩어져 살면서 함께 아이를 돌보는 형태입니다. 아스팔트 틈새를 비집고 피어나는 풀꽃처럼 오늘날 한국 사회의 틈새를 비집고 피어난 새로운 방식의 공동육아라 할 수 있을 듯합니다.

독박육아에 힘들어하는 엄마들에게 현실적인 대안을 보여주는 이 사례들은 격월간 『민들레』에 지난 몇 년에 걸쳐 소개된 것입니다. 시간이 흐르면서 변화한 모습들을 보완하여 생생한 이야기를 담았습니다. 십여 년의 역사를 자랑하는 모임도 있고 이제 두세 살밖에 안 되는 신생 모임도 있지만 한결같이 아이 덕분에 좋은 이웃과 친구들을 만나 삶이 더 풍요로워졌다고 말합니다. 지금 자신이 살고 있는 곳에서 다른 방식으로 삶을 꾸리는 이들의 이야기를 통해 단순히 육아의 대안을 넘어서 삶의 대안까지도 엿볼 수 있을 것입니다.

목마른 사람이 우물을 파는 이 간절한 몸짓들이 감동적이기도 하지만 한편으로는 '육아'라는 사회적 과제를 왜 엄마들만의 눈물겨운 노력으로 풀어야 하는지 안타깝기도 합니다. 대선을 앞두고 다양한 보육 정책들이 쏟아져 나오고 있는데, 정책 입안자들이 이런 현실적인 육아 이야기에 귀를 기울여야 할 것입니다. 절박한 심정에 손을 내밀기는 했으나 "혼자 처박혀 애 키우는 게 낫지, 왜 밖에 나와서 이 생고생인가" 하며 푸념했던 한 엄마의 말처럼, 자기 아이도 돌보기 버거운 상황에서 '함께하는 육아'를 당사자인 엄마들이 도모하는 일은 쉽지 않습니다. 그러므로 그 부담을 줄여줄 수 있는 사회적 지원이 절실합니다. 엄마들이 어렵게 만들어낸 이 의미 있는 사례들이 '아이 키우기 좋은 사회'를 위한 정책을 세우는 데 길잡이가 되었으면 합니다. 아이를 낳아 기르는 것이 가슴 뛰는 일이 될 때 비로소 좋은 사회라 말할 수 있을 테니까요.

'부모가 바뀌면 교육이 바뀐다'는 기치로 20여 년 전에 세상에 나온 『민들레』를 읽는 모임이 전국에 60개 가까이 됩니다. 대부분의 모임들이 아이를 함께 잘 키우기 위한 모임이라 해도 과언이 아닐 것입니다. 독자 모임이 육아 모임이기도 하고 부모 학교이기도 한 셈입니다. 『민들레』처럼 이 책이 고립육아에 힘들어하는 엄마들을 서로 이어주는 징검다리가 되기를, 그래서 좀더 많은 부모들이 아이들과 함께 삶의 기쁨을 누릴 수 있기를 바랍니다.

2017년 4월
현병호

차례

004	펴낸이의 말 _ 지금 여기에서 시작하는 마을육아 • 현병호
011	들어가는 이야기 _ 독박육아를 넘어 • 김지혜
023	아이들과 엄마, 숲에서 함께 놀다 • 백찬주
049	'자출면 청양리' 엄마들의 온라인 마을 • 최세민
069	도시에서도 아이들은 별처럼 빛난다 • 오명화·최재훈
099	공동부엌육아에서 어린이식당까지 • 윤영희
129	아이도 키우고 엄마의 꿈도 키우고 • 정가람
153	돌봄 공유지를 만드는 마을기업, 엄마친구네 • 권연순
171	안심되는 실험공동체 룰루랄라 우동사 • 이성희
195	아이와 함께 자라는 즐거움이 모락모락 • 이금비
215	십대와 유아, 서로 돌보며 자라는 교육공동체 • 차상진·하태욱
235	나를 성장시킨 엄마학교, 품앗이 육아 • 안세정

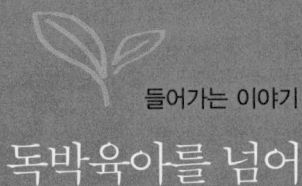

들어가는 이야기

독박육아를 넘어

김지혜

이삼십대 직장 여성들을 대상으로 라이프코칭을 하다 엄마가 된 후로는 주로 초보 부모들에게 강의하고 코칭하는 일을 하고 있다.

-
-
-

친정엄마는 아이 넷을 집에서 낳으셨다. 병원 출산이 본격화되기 직전이었다. 그중 하나는 '역아'이기까지 했으니 지금 생각해보면 꽤나 위험한 일이지만, 그땐 그게 자연스러웠다. 그때마다 번번이 아버지는 안 계셨다(육아 현장에서 남편의 부재는 어제오늘 일이 아니다). 대신 엄마 곁을 지켜준 것은 이웃이었다. 주인집 아줌마, 반장 아줌마, 슈퍼 아줌마 등 그때그때 소식을 들은 이웃들이 달려와 엄마의 손을 붙잡아주고, 미역국을 끓여주고, 무섭고 외로운 산모의 마음을 어루만져주었다.

일손을 덜어줄 할머니, 삼촌, 이모 하나 없었지만(통계청 자료에 따르면 1980년에도 3대 이상 가구는 12.6퍼센트에 불과하다), 그래도 그때 엄마들이 독박육아라며 아우성치지 않을 수 있었던 것은 이웃과 골목이 있었기 때문이다. 엄마에겐 대문 밖만 나가도 눈인사 나눌 이웃이 있었다. 반찬을 나눠 먹고, 모여 앉아 멸치 똥을 같이 따고, 속닥속닥 남편 흉을 함께 볼 이웃 덕에 엄마는 네 아이 독박육아의 고단함을 줄일 수 있었을 것이다. 또 골목이 엄마의 품을 덜어주었다. 튀어 나가기만 하면 다른 아이들을 만날 수 있었던 골목에서 우리는 "밥 먹어!" 하는 엄마 목소리가 들릴 때까지 주구장창 놀았다. 소독차가 지나가면 너나 할 것 없이 뜀박질을 했고, 한겨울에도 곱은 손을 불어가며 구슬치기를 했다. 땡볕에서도 고무줄놀이는 이어졌고, 때로 싸움이 벌어져도 어른의 중재 없이 우리끼리 어떻게든 해결을 봤다.

추억이 아련한 만큼 눈앞의 현실은 차갑게 느껴진다. 아이를 키우면서는 멀리 나가기 힘드니 가까운 곳에서 이웃을 만들려고 놀이터에 나가보지만 개미 새끼 한 마리 안 보일 때가 많다. 아이들이 뛰어놀던 빈 공터에는 빌딩과 상점들이 들어서고 골목은 차들 차지가 되었다. 이제 옆집에 누가 사는지도 모른다. 아이가 울면 "무슨 일 있냐"고 걱정해주는 것이 아니라 "시끄럽다"며 인터폰이 울린다. 궂은 날 아이와 갈 수 있는 곳이라곤 마트와 키즈카페밖에 없다. 거기서도 장난감 사달라, 간식 사달라 떼쓰는 아이와 실랑이하는 건 엄마 몫이다. 유일하게 믿고 기댈 수 있는 남편은 남편대로 밖에서 장시간 노동과 경쟁의 압박에 시달리다 들어오니, 집에선 편히 쉬고 싶어 한다. 사람 사이의 접촉은 사라졌고, 연결은 끊어졌다.

엄마라는 극한 직업

몇 년 전부터 엄마들의 입에서 자연스럽게 흘러나오는 '독박육아'부터 군대육아, 극한육아, 전투육아 등 요즘 육아에 붙는 수식어들을 보면 엄마들이 얼마나 힘든지 한눈에 보인다. 라이프코치라는 직업상 여러 엄마들을 만나다 보면, 세상에서 가장 '극한 직업' 중 하나가 '대한민국의 아기 엄마' 아닐까 싶다.

'독박육아'에는 엄마들의 외로움이 묻어 있다. 만나자는 사람, 만날 수 있는 사람 하나 없이 종일 아이와 씨름해야 하는 엄마들, 집 앞 놀이터에 나가봐도 친구 하나 만들기 힘든, 가족들 심지어 남편에게서도 온전한 이해와 공감을 받기 어려운 엄마들은 외롭다. SNS에 올라오는 싱글 친구들과 예전 직장동료들의 화려한 사진, 영양소 골고루 갖춘 데다 예쁘기까지 한 엄마표 요리 사진과 전문가 뺨치는 엄마표 미술놀이 사진들 틈바구니에서 엄마들의 외로움은 더 짙어진다. 아이마저 잠든 밤이면 그 외로움이 스멀스멀 가슴을 뚫고 나와, 맥주 한 잔이라도 마셔야 잠에 들 수 있다.

'독박'은 고스톱에서 패자 한 명이 나머지 사람들의 몫까지 모두 뒤집어쓴다는 뜻이다. '독박육아'란 단어에는 엄마들의 억울함도 담겨 있다. 왜 똑같이 교육받고 직장생활 했는데 육아는 토론과 합의 과정도 거치지 않은 채 당연히 엄마의 몫인지, 왜 같이 낳았는데 아이의 감기부터 어린이집 문제까지 엄마의 소관이 되어버렸는지, 왜 맞벌이를 하는데도 살림은 고스란히 엄마의 책임인지, 프랑

스나 핀란드처럼 아이 키우기 좋은 환경은 안 만들어주면서 왜 정부는 무턱대고 아이를 낳으라고만 하는지, 엄마들은 억울하다. 그런 엄마들에게 "낳았으면 키워야지, 그럴 거면 왜 낳았냐"고 말하는 사람들도 있다. 하지만 엄마들이라고 알았겠는가? 육아가 이렇게 힘들고, 모든 책임이 자기에게 돌아올 줄을. 공부하고 일하느라 직간접 체험이 없으니 닥치기 전에 알았을 리가 없지 않은가?

지금의 엄마들은 분명 이전 세대보다 경제적으로 더 풍요로워졌고, 더 많이 배웠고, 더 풍부한 세상을 경험했다. 그럼에도 젊은 엄마들이 이렇게 힘들어하는 이유는 무엇일까? "우리 때는 어땠는지 아느냐…" 하며 일장 연설을 시작하는 어머니 세대처럼 맨몸으로 가사노동을 하는 것도 아니고, 하늘 같은 남편 밑에서 숨죽이며 사는 것도 아니고, 혹독한 시집살이를 하는 것도 아닌데, 엄마들이 이렇게 힘들어하는 이유가 무엇일까?

나는 이 질문에 몰두했다. 무엇이 힘든지를 알아야 해결책도 찾을 수 있으니 말이다. 지금까지 찾아낸 원인들 중 중요한 한 가지는 '고립'이다. 엄마들은 일단 나갈 수 있는 시간, 장소, 그리고 만날 수 있는 사람이 제한된다. 이 갑작스런 고립은 당황스럽다. 결혼 전까지 금요일 밤이면 번화가에서 불금을 즐겼고, 동호회 한두 개쯤은 속해 있었고, 여름이면 해외로 휴가를 떠났던 그녀들이기 때문이다. 결혼 전에도 행동 반경이 넓지 않았고, 밭 매고 아궁이에 불 때다가 시집간 우리의 엄마들과 달리, 지금의 엄마들은 출산 이후 이 모든 자유와 관계에서 단번에 멀어지게 된다. 관계의 단절, 사회와의 단절, 일과의 단절, 문화생활과의 단절은 그 모든 것을 당연히 누려왔던 엄마들에게 크나큰 박탈감을 안겨준다.

나의 고립 탈출 분투기

나의 짧은 육아 역사 5년은, 단절로부터 벗어나기 위해 부단히 노력한 시간이었다 해도 과언이 아니다. 나는 온라인 육아카페를 수시로 드나들었고, 모임이 있으면 먼 거리를 마다않고 아이를 데리고 나가 어울렸다. 서울시 마을공동체사업의 지원을 받아 부모커뮤니티 사업도 두 차례 했고, 마을미디어 활동으로 팟캐스트도 만들었다. 숲놀이 팀 멤버로 활동도 해보고, 집 근처 엄마들과 숲놀이 팀도 꾸렸다. 내향적인 성격에도 불구하고 용기 내어 어린이집 엄마의 전화번호를 물어서 그들을 집에 초대해 친구가 되기도 했다. 가치관이 통하는 엄마들을 찾아 헤매다가 아예 도심 속 마을공동체인 서울의 성미산 마을로 이사를 오기도 했다.

그 여정이 늘 좋기만 했던 건 아니다. 별 생각 없이 시작한 커뮤니티 활동이 부담스러울 정도로 커져서 황급히 발을 뺀 적도 있고, 동네 엄마들과의 숲놀이는 그룹 역동이 살아나지 않아 시들해지다가 결국 유야무야되었다. 어떤 모임에서는 열심히 하다가 오히려 상처받고 한동안 동굴에서 웅크리고 있기도 했다. 그럴 때면 '나는 왜 이렇게 관계에 서툴까' 자책감이 들었고, '나 때문에 아이가 친구를 못 사귀면 어쩌나' 걱정되고 미안했다.

  그러나 갈등 때문에 힘들다고 도망칠 수는 없었다. 피하려야 피할 수도 없지만, 관계는 상처 이상의 큰 에너지도 주기 때문이다. 아이가 세 돌이 조금 넘었을 무렵이다. 아이와 멀리 외출했다가 돌아오는 길이었다. 바람이 찼고 해는 지고 있었다. 점심도 대충 먹은 아이에게 '빨리 저녁 해먹여야지' 하는 생각에 마음이 급한데, 내 마음 이해할 리 없는 아이는 세월아 네월아 느리기만 하고, 지하철역에서 집까지 걸어가는 십여 분이 한없이 길게 느껴졌다. 지칠 대로 지쳤는데 집에 가서 밥 짓고 반찬 만들어 먹일 생각하니 까마득했다(지금 생각해보면 그냥 밖에서 먹여도 될 것을, 그땐 두 끼 이상 바깥 밥을 먹이는 게 왜 그리 용납이 안 되었을까). 그런 와중에 맡겨둔 짐 찾으러 이웃집에 잠깐 들렀는데 그 집 엄마가 내 상황을 눈치챘는지 밥 먹고 가라며 손을 잡아끌었다. 못 이긴 척 들어간 집에서 대접받은 따뜻한 닭죽 한 그릇에 내 마음은 사르르 녹아내렸다. 그 엄마는 차린 게 없다며 겸손을 떨었지만, 나에게 그 죽 한 그릇은 아직 남아 있는 '정'의 상징이었다.

  관계를 빚기 위해 꾸준히 노력한 지 서너 해, 그 시간이 나에게 남긴 것은 말로 표현할 수 없을 만큼 크다. 문득 얼마 전의 일이 떠오른다. 남편이 일 나가 없는 사이 몸이 갑자기 아파오기 시작했다(출산 이후 까닭 모르게 간헐적으로 일어나는 증상이다). 아이에게 영상을 틀어주고 쉬었지만 증상은 점점 더 심해졌다. 곧 저녁식사 시간이 다가오는데 몸은 물먹은 솜 마냥 축축 가라앉았다. 예전 같으면 어떻게든 몸을 일으켜 뭐라도 챙겨 먹였겠지만, 나는 이웃의 친한 엄마에게 SOS를 쳤다. 그 엄마는 당장 우리 집으로 달려와 아이를 데려가주었다. 아이는 그 집에서 저녁을 먹고 재미있게 놀다가 잠자기 직전에 남편 손을 잡고 집으로 돌아왔다. 나는 그 사이 푹 쉴 수 있었다. 믿고 아이를 맡길 수 있는 이웃 덕분에 힘들다고 아우성치는 몸의 소리를 들어줄 수 있었던 것이다.

특히 아프거나 바쁠 때 이웃은 큰 도움이 된다. '이웃사촌'이란 말이 괜히 생긴 게 아님을 느낀다. 하지만 단번에 그런 관계로 발전하는 것은 아니다. 신뢰는 평상시에 꾸준히 정성을 쏟아야 쌓인다. 대단한 비법이 있는 것은 아니다. 집으로 초대해서 집밥을 같이 먹고, 이웃집에 놀러 갔을 때 설거지 해주고, 고민을 나누고, 날씨 좋을 때 도시락 싸서 함께 나들이 다니고, 안 쓰는 장난감이나 살림살이 챙겨주고, 좋은 정보도 나누고, 내 아이 못지않게 이웃의 아이도 챙기는 소소한 노력들이 관계를 탄탄하게 이어준다.

우리에게 필요한 건 사람과 공간

사회가 척박할수록, 어깨의 짐이 무거울수록 우리는 서로에게 기대야 한다. 지금 엄마들은 이미 너무 많은 노력을 하고 있다. 모든 것을 혼자, 그것도 '잘' 해내려고 자신을 한계까지 밀어붙이고 있다. 하지만 아무리 노력한들 혼자서는 결코 아이를 다 책임질 수 없다. 우리에겐 아이가 아플 때 체온계를 빌릴 이웃, 택배를 대신 받아달라고 부탁할 이웃, 친정에서 보내온 음식이 많을 때 나눠먹을 이웃, 여행가는 동안 키우던 강아지를 맡길 이웃이 필요하다. 더 나아가 속마음을 털어놓고 위로를 얻을 친구, 힘들다고 투정 부릴 친구, 잘 해낼 수 있다고 격려해줄 친구가 우리에겐 필요하다. 지지고 볶고 어울릴 안전한 관계가 필요하다.

'사람'을 만날 수 있는 '공간'도 필요하다. 비용 부담 별로 없고, 날이 좋으나 궂으나 갈 수 있는 그런 아지트 말이다. 가서 눈 마주치는 엄마와 아이 이야기도 나누고, 좀더 친해지면 남편 이야기도 나누고, 더 깊어져서 서로의 집을 오갈 기회를 만드는 곳. 그런 곳이 좀더 많아진다면 얼마나 좋을까? 육아종합지원센터나 도서관 안에 아이들과 갈 수 있는 공간이 조금씩 늘어나곤 있지만, 집 가까운 곳에 시끄럽게 떠들어도 괜찮은 공간이 필요하다. 아파트 단지 내에, 동네 주민센터 안에 그런 공간이 하나씩만 생겨도 아이 키우기가 한결 수월해질 것이다.

엄마에게 이런 친구들과 공간이 생긴다면 가장 혜택을 보는 건 아이들일 것이다. 엄마들이 아무리 좋은 놀이법을 배워서 놀아준다 한들, 또래 친구만 하겠는가? 엄마는 '놀아주지' 않고 '놀려고' 애를 쓴다지만, 엄마의 노력이 무색하게 친구만 한 재미를 주지는 못한다. 힘드니 그만하자는 법 없고, 정리하고 놀아야지라며 잔소리하는 법 없고, 위험하다며 제지하는 법 없고, 방구 뿡뿡만 해도 까르르 넘어가고, 비밀 이야기를 속닥거릴 수 있는 친구. 그리고 그런 친구와 어울릴 수 있는 공간. 이것을 아이에게 선물해줄 수 있다면 얼마나 좋을까?

동병상련이라고 했던가. 같은 처지에 있는 사람들끼리는 눈빛만으로도 통한다. 여유롭게 자유로운 생활을 즐기는 싱글 친구, 아이도 안 낳아보고 육아를 전담해본 적 없는 남편은 아무리 설명해도 이해 못하는 애환이 같은 엄마들끼리는 쉽게 통한다. 먼 발치서 유모차를 끌고 가는 무표정한 엄마도, 마트에서 떼쓰는 아이와 전투를 벌이고 있는 엄마도, 고운 화장에 반듯하게 차려입고 아이를 등원시키는 워킹맘도, 속을 들여다보면 하나같이 아이 때문에 고민하고, 육아 때문에 힘들어하는 같은 엄마들이다. 그 엄마들이 서로 소통하고 연결되면, 육아의 짐은 훨씬 가벼워질 것이다.

엄마들이 행복한 세상을 꿈꾸며

같은 아파트 단지에서 인사하고 지내던 한 엄마가 자살로 생을 마감했다는 소식을 듣고 그 일이 남 일 같지가 않았다. 여섯 살, 두 살 두 아들을 키우고 있던 그 엄마는 남편의 잦은 퇴사와 아이들 교육 때문에 불안에 시달리고 있었는데, 병원에서 우울증 진단을 받고도 남편으로부터 위로와 지지는커녕 "뭐가 그렇게 힘드냐"며 타박을 받았다고 한다. 그녀가 얼마나 외롭고 절망스러웠을까를 생각하면 지금도 가슴이 아프다.

처음 엄마의 길에 들어선 초보 엄마들은 어설프고 좌충우돌하는 게 당연하다. 그 역할이 힘든 것도 당연하다. 어설프고 힘든 게 부끄럽다고 꽁꽁 감추고 혼자서 있는 힘, 없는 힘 다 끌어내 아이를 키우다 보면 결국 번아웃 된다. 그러기에 출산 일 년 사이에 열 명 중 아홉 명의 엄마들이 산후우울감에 시달린다. 그 우울감이 깊어지면 우울증, 나아가 자살로도 이어진다. '혼자'라는 것이 누군가에겐 생사가 걸린 문제가 되기도 한다.

이 책은 나처럼 고립육아의 돌파구를 찾기 위해 노력한 엄마들의 이야기로 가득하다. 힘든 현실을 불평하며 앉아 있는 게 아니라 사람과 공간을 찾아 도전하는 엄마들, 관계에서 필연적인 갈등을 직면하고 넘어서며 자기들만의 방식으로 '연합'육아를 펼쳐나간 엄마들, 그들의 생생한 스토리가 펼쳐진다. 나만 유난스러운 게 아닐까 싶었기에 이 책이 얼마나 반가운지 모른다.

지금도 꽉 막힌 아파트 한 구석에서 아이와 씨름하고 있을 이 땅의 수많은 초보 엄마들에게 부디 이 책이 가닿길 바란다. 그들이 육아의 외로움과 고단함을 자신의 언어로 말하고, 같은 처지에 있는 엄마들에게 연민과 연대감을 느끼고, 세상으로 걸어 나와 자신들의 목소리를 내길, 그래서 엄마와 아이들이 조금이라도 더 행복해질 수 있기를 바란다. 이 책이 그 첫걸음을 뗄 용기를 줄 것이다.

아이들과 엄마, 숲에서 함께 놀다

숲동이놀이터

품앗이 육아 방식으로 운영되는 숲유치원이라 할 수 있다.
엄마와 아이들이 일주일에 세 번 북한산 자락 숲으로 가서 논다.
도시의 품앗이 생태육아공동체로 내년이면 10주년이 된다.
매년 숲동이와 꼬마숲동이에 함께하려는
새로운 엄마와 아이들이 늘어나고 있다.

백찬주

2009년 서울 은평 북한산 자락에서 숲동이놀이터를 시작으로
방과후 놀이터 '오후의 숲동이'를 꾸렸고, 지금은 숲동이를 졸업한 엄마들과
함께 마을문화공간 '물푸레 북카페'를 운영하고 있다.

혼자 감당한 육아

결혼 후 큰애를 낳았을 때가 스물일곱이었다. 지금 돌이켜보면 아이를 키우기엔 아무것도 몰랐던 때다. 친정이나 시댁도 멀어 혼자서 아이를 키웠다. 신문사에서 일하던 남편은 처음 생긴 노조의 위원장을 맡아 선후배들 챙기고 회사 상황을 개선하기 위해 매일 밤 늦도록 바빴고 일요일에도 출근했다. 그런 남편을 바라보며 혼자 아이를 돌보았다. 동네 놀이터에 나가보면 할머니와 손자들이 대부분이었고 말동무도 없었다.

그러다 아이가 18개월쯤 되었을 때 신문사가 문을 닫게 되면서 남편은 잠시 백수가 되었고, 내가 학원 강사로 돈을 벌어야 했다. 일을 시작하면서 동네 어린이집에 아이를 맡겼는데, 수업이 끝나고 돌아오면 밤 9시가 넘었다. 늦게까지 아이를 맡아주는 곳을 찾아서 보냈어도, 아이는 늘 마지막까지 남아 있었다. 많이 미안했고 속상하기도 했다. 하필 눈까지 펑펑 쏟아지는데 덮개도 없는 유모차를 끌고 집으로 돌아가던 그날 밤의 오르막길은 얼마나 팍팍하던지.

그래서 다른 사람들처럼 아침에 출근하고 저녁에 퇴근하는 일을 찾았다. 아, 그런데 이번엔 아침마다 전쟁이었다. 아이를 맡기고 출근해야 하니 일곱 시 반이면 어린이집 앞에서 문이 열리길 기다렸다. 남들은 대체 어떻게 아이를 키우는 걸까? (여기서 남편의 육아 기여도는 일단 생략한다. 크게 기억에 남지 않으므로.) 가족의 도움을 받지 않고 홀로 아이를 키우는 맞벌이 엄마라면 다들 이런 경험이 있을 것이다.

이제 좀 수월해지나 싶을 때 계획에 없던 둘째가 태어났다. 첫째와 다섯 살 터울인 둘째는 4개월부터 이웃에 맡겼다. 첫째가 유치원에서 돌아오면 큰애까지 이웃에서 돌봐주셨다. 이웃분이 가족처럼 잘해주셔서 아이 둘을 맡기고 나와 일을 해도 그다지 어려움이 없었지만, 한편으론 엄마로서 해주지 못하는 것들이 늘 마음 쓰였다. 두 아이를 맡기는 데 드는 비용이 내가 버는 수입의 절반이 넘어가고, 외식과 지출이 늘어나고, 결국 내가 번 돈은 고스란히 도로 나갔다. 열심히 일하고 남는 건 피곤한 몸과 헛헛한 마음이었다. 악착같이 해내야 하는, 남들도 다 그렇게 하는 맞벌이가 내게는 아무래도 적성에 맞지 않았다. 아이가 걸음마 떼는 순간을 보고 싶었고, 유치원 다녀온 아이를 맞아주고 싶었다.

삶이 바뀌고 숲으로 이어진 육아

어느 날, 우연히 『조화로운 삶』이란 책을 만났다. 누군가 읽고 있는 걸 보고 제목이 마음에 들어 빌려서 읽었는데, 자급자족하는 부부의 삶에 대한 이야기가 담겨 있었다. 그 책을 읽고 감동을 받아 근처 도서관에서 소로의 『월든』도 찾아 읽었다. 이 두 책은 내게 어떻게 살 것인가 하는 물음을 던졌다. 매일같이 일터로 나가 하루의 대부분을 보내는 게 아니라, 몇 시간의 자발적 노동으로 삶을 꾸려나가고 남는 시간에는 하고 싶은 일을 즐길 수 있다니! 한 번도 생각해보지 못했던 삶이었다. 지금이야 그것이 말처럼 쉽지는 않다는 것을 알지만, 그때 나에게는 일하지 않을 강력한 동기를 주었고, 책을 덮고서 결심했다. '나 그만둘래!'

마침내 나는 출근이라는 굴레에서 벗어났다. 바쁜 남편에게 "일찍 들어와라", "오늘은 당신이 애들 데려올 차례지 않냐" 하며 싸우지 않고, 회식 있는 날은 윗집에 부탁하느라 미안해할 필요 없고, 모두 내가 하면 된다는 마음이었다. 적게 쓰고 살자. 돈 주고 애들 키우지 말고, 그냥 내가 키우자. 그렇게 큰애가 초등학교 입학할 때쯤 일을 그만두었다. 그만두고 나면 시간이 좀 생길까 했는데, 오롯이 몸으로 모든 걸 때우며 사는 일이 생각만큼 쉽지는 않았다. 외롭고, 재미가 없었다. 재미가 있으려면 누군가가 옆에 있어야 했다. 아이가 막 말문이 터질 때, 기막힌 표현을 할 때, 막무가내로 울며 떼쓰는 아이 앞에서 막막할 때, 그럴 때마다 공감의 수다를 나눌 누군가가.

 큰애가 2학년, 둘째가 4살일 때 생협을 통해 생태보전시민모임에서 하는 숲속자연학교를 알게 되었다. 반가웠다. 수요일마다 초등 저학년 아이들과 생태활동을 하는 것인데, 큰애 친구들과 엄마들, 동생까지 아홉 명을 태우고 수요일마다 숲속자연학교를 다녔다. 아이들은 처음으로 올챙이가 개구리가 되는 과정도 보고, 봄나물을 캐서 비빔밥을 해먹기도 하며 한 해를 보냈다.

 그러던 어느 날, 단체 간사님이 '내년에 어린 친구들이랑 노는 모임을 만들고 싶어 하는 엄마가 있다'고 전해주었다. 나는 바로 "저도 할래요!" 하고 손을 번쩍 들었다. 사실 그때만 해도 이렇게 재미난 일들이 벌어질 줄은 몰랐다. 그렇게 해서 세 명의 엄마가 처음 만난 것이 2008년 12월이다.

 육아에 대한 이런저런 이야기를 나누다 보니 이런 공감대가 생겨났다. '아이는 엄마가 키우자. 그리고 혼자 키우면 힘들고 재미없으니 같이 키우자.' 그 후 여러 차례 준비 모임을 하면서 서로 알아가는 시간을 가졌다. 적당히 가까운 곳에 놀 만한 숲이 어디 있는지 답사도 다니고, '숲동이놀이터'라는 이름도 정하고, 서로 별명을 지어 불렀다. 동네 카페에 모집 공지를 올리고 나니 어느새 엄마들 숫자가 일곱 명으로 불어났다. 답사나 회의로 모였다가도 헤어지기 아쉬워 이집 저집 다니며 점심밥을 해먹고, 맥주잔도 기울이고, 노래도 부르고, 형제들과 아빠들도 알게 되면서 그렇게 서로 다른 가족문화를 경험하기 시작했다.

숲동이는 이렇게 움직인다

　나에게 숲동이놀이터는 해마다 달랐다. 첫해는 아무것도 몰랐기에 호기심과 기대가 가득했다. 숲활동이 끝나면 늘 집집마다 놀러 다녔다. 이태째 사람 관계도 숲도 뭔가 좀 알게 되자 오히려 어려워지기 시작했다. 서로 다른 생각을 맞추어가는 일이 힘들었다. 나와 다른 육아관을 가진 엄마를 있는 그대로 받아들이는 일도 쉽지 않았다. 삼 년째가 되니 그제야 좀 서로의 결을 알게 되고(엄마들과 아이들이 계속 섞여 있다 보면 어쩔 수 없이 서로의 밑바닥을 보게 된다.) 숲이 포근하게 느껴졌다. 신기한 경험이었다. 낙엽만 굴러도 웃음이 나온다는 여고 시절 이후 제일 많이 웃었던 시간들이다.

　숲동이는 일주일에 세 번 각자 점심 도시락을 싸서 숲으로 간다. 주로 북한산 자락에 있는 숲이다. 숲에서 놀다 보니 장난감이나 준비물도 필요 없다. 놀잇감은 나뭇가지 하나로도 충분하다. 진행은 터장이나 일지 당번, 동화책 당번 등 서로 역할을 나누어 맡는다. 달마다 최소 회비를 걷기는 하지만 그것도 다 쓰지 못해서 방학 때 가는 캠프 비용에 보탠다.

　숲동이놀이터는 엄마와 아이가 함께 보내는 시간을 중요하게 여기고, 자연스러운 육아를 지향한다. 하지만 눈이 오나 비가 오나 바깥활동을 하기 때문에 엄마들 체력으로 아이들을 따라다니기가 쉽지는 않다. 또 모든 엄마가 매번 같이 따라다니는 것은 에너지 낭비이기도 하다. 그래서 당번을 정해 다른 엄마들은 그 시간에 쉬거나 배움의 시간을 갖는다. 병원을 다녀오거나 비폭력대화법, 도시농부, 생태전문가 과정처럼 관심 있는 것을 배우기도 한다.

숲에 갈 때 싸는 도시락은 밥과 반찬 하나 정도지만, 점심 때 펼쳐보면 동네 잔칫상이다. 우리들 인심이 내가 먹을 것만 싸는 것이 아니라 넉넉히 담게 된다. 돗자리 펴놓고 다 함께 밥 먹는 풍경은 보기만 해도 아름답다. 아이도 엄마도 집에서보다 더 잘 먹는다. 그러니 숲에 다녀도 살이 찌는 부작용이 있다나.

첫해에는 일곱 엄마가 만났는데, 해를 거듭할수록 점점 수가 늘어 이제는 '꼬마 숲동이' 같은 연령별 모둠이 생겨났다. 올해까지 9년째 이어지다 보니 이제는 서로 잘 모르는 사람도 생긴다. 사람이 많이 모일수록 연령대가 촘촘해지고 직업들도 다양해진다. 정보도 많아지고 나눌 것도 늘어난다. 옷을 물려받기도 하고, 책이나 장난감을 나누기도 한다. 요즘은 대개 아이가 한둘이라 멀쩡한 물건도 버리게 되는 일이 많은데, 미리 알려주면 새 임자가 생긴다. 뭔가 사기 전에 "나, 이거 필요한데…" 하면 누군가 그냥 주기도 하고 바꾸기도 하고 빌려주기도 한다. 자연스럽게 공유가 된다.

첫해 함께한 친구들은 벌써 중학생이 되었다. 겨울 동안 숲동이 엄마들은 졸업식을 하고, 새로운 기수를 모집하고, 예비 모임을 꾸린다. 그리고 3월이 되면 개터식을 한다. 개터식은 선배들도 초대하고 떡도 나누고 함께 첫 놀이터를 여는 시끌벅적한 행사다. 예비 모임을 통해 조금 맛을 보았으나 어색한 이웃들이 모여 드디어 몸을 부비고 서로의 민낯을 알게 되기 시작한다.

공동육아네, 기관육아네 하면서
육아 방식에 선을 긋지 않았으면 좋겠다.
어떤 틀을 고집하는 것은 육아에는
어울리지 않는 것 같다. 조금 덜 힘들고
조금 더 행복한 육아면 충분하지 않을까?
한마디로, 엄마도 밥 좀 먹는 육아 말이다.

숲에서 놀던 엄마들, 마을에 공간을 만들다

4년째 되던 해 둘째가 학교에 들어가면서 방과후에 모여서 노는 '오후의 숲동이'(줄여서 '오숲')를 하기로 했다. 숲동이를 졸업하고 학교에 들어간 친구들이 금요일 오후에 만나 숲에서 노는 것이다. 아이들은 저희들끼리 점점 더 잘 놀게 되었고, 엄마들이 함께 돌봐야 하는 시간이 서서히 줄어들었다. 자연스럽게 엄마들은 조금씩 각자의 일을 찾기 시작했다. 새로운 육아기에 돌입한 것이다.

그렇게 아이들이 학교에 가게 되자, '자, 우린 이제 뭐하고 놀지?' 하는 생각이 들었다. 때마침 서울주택도시공사에서 공간을 지원하면서 북카페 운영할 단체를 찾는다는 소식을 들었다. 마침 숲동이놀이터에 마당을 내어주던 생태보전시민모임 사무실이 북한산 터전을 잃어 엄마들이 기댈 곳이 없어질 즈음이었다.

'좋아, 그렇다면 우리가 한번 해보자!' 그렇게 북카페 '물푸레'가 시작되었다. 가지를 물에 담그면 물이 푸르게 변한다는 물푸레나무처럼 우리 마을을 멋지게 물들여보자는 꿈을 갖고.

처음에는 열 명이 넘는 엄마들이 아이들과 함께 모이니 일과 육아가 마구 섞여 '이게 카페야 어린이집이야' 할 정도로 정신이 없었다. 언제나 서로의 의견은 달랐고, 회의는 길기만 했다. 그럼에도 개인의 욕구와 공공의 가치 사이를 넘나들며 지금까지 이어올 수 있었던 것은 숲에서 함께 보냈던 시간의 힘이라고 생각한다. 그때 아이들을 안고 업고 다니면서 함께 먹었던 밥의 힘.

좌충우돌하던 초창기가 지나고, 고전 읽기, 바느질 같은 작은 모임들과 배울거리들이 생기자 차츰 마을 사람들이 카페로 자석처럼 끌려왔다. 북한산 자락에 있는 진관동은 은평 지역에서도 섬처럼 동떨어져 있어 이것저것 불편한 점이 많은 곳이다. 또 한편 그 어디보다 숲에 둘러싸여 있어 자연이 주는 행복도 큰 곳이다. 그래서인지 마을 사람들도 아직 시골 정서를 갖고 있는 것 같다. 물푸레 카페가 생겼다는 소식을 듣고 찾아온 사람들은 거의 엄마들이었다. 아이 키우느라 단절된 재능들이 말을 트고 서로를 알게 되면서 조금씩 드러나기 시작했다. 어디에 맛집이 있는지, 무슨 드라마가 재밌는지 수다를 떨다가, 그 엄마가 쉬고 있는 광고 디자이너였다는 걸 알게 되고 카페 홍보 일을 부탁하게 되는 식이었다.

그렇게 물푸레를 중심으로 마을살이가 시작되었다. 숲동이 사람들보다 지금은 마을 사람들이 더 많아졌다. 한 사람을 알게 되면 그 사람이 알고 있는 사람들을 또 알게 되면서 연결고리가 촘촘해지고 더 풍요로워진다. 매년 봄가을에 열리는 벼룩시장도 올해는 옆 동네와 함께 하려고 준비 중이다. 함께 배우고 즐겁게 연결되는 마을문화공간. 이것이 물푸레가 지향하고 있는 가치다.

한솥밥을 먹으면서

숲동이놀이터가 5년째 되던 해, 서울시 공동육아 지원사업을 알게 되었다. 공동육아나 품앗이 모임을 3년 동안 지원해주는 사업이다. '와, 세상이 이렇게 변했구나' 싶었다.

세 명의 엄마가 대표가 되어 덜컥 사업 신청을 해서 지원금 3백만원을 받았다. 그걸로 우리는 깨알같이 많은 일을 했다. 그리고 거의 나가떨어질 뻔했다. 일 년이 그렇게 길 수가 없었다. 아이들을 키우던 엄마들이 갑작스레 회계 일을 해야 했고, 사업계획서를 작성하고, 공무원을 만나고, 그리고 무엇보다도 계획한 일을 실행해야 했다.

이듬해에는 지원받은 예산으로 책자를 만들었다. 온라인 카페 '숲동이놀이터'에 기록해두었던 6년간의 일지를 정리해서 『숲에서 자란다』라는 책자를 발간했다. 방대한 활동자료를 모두 읽고, 분류하고, 편집하는 일을 여러 엄마들이 함께 했다. 무엇보다 엄마들의 소감문들이 감동이었다. 약하게 태어난 아이를 위해, 처음 서울에 올라와 외로웠던 자신을 위해, 늦게까지 일을 해야 해 어린이집에 보낼 수가 없어서, 외동이라 친구를 만들어주고 싶어서… 여러 이유와 사정으로 숲동이를 찾았고 함께하는 동안 힘든 일도 많았지만, 모두가 숲동이를 통해 배우고 자란 것은 틀림없었다. 수줍게 건네는 소감문 한 꼭지씩 받아 읽고 교정을 볼 때마다 찔끔찔끔 눈물을 훔치던 밤이 생각난다.

3년째는 지원받은 예산으로 '숲동이네 한솥밥'을 했다. 북카페 활동을 하는 숲동이 엄마들은 이제 아이들이 학교에 들어가서 육아에 숨통이 트였지만, 이전에 숲에서 찬밥 먹던 생각도 나고 밥

먹을 곳이 없어 서러웠던 기억을 잊을 수 없어, 동생 같은 숲동이 엄마들에게 언니처럼 밥을 해주기로 한 것이다.

숲동이를 졸업한 엄마들과 손 꽤나 큰 동네 언니들, 한 요리 하는 아빠들이 카페에서 매주 50인분의 밥을 해서 다 같이 먹었다. 한그릇 제철 음식을 주로 했는데, 그야말로 동네잔치였다. 다른 사람이 해준 밥은 다 맛있다며 서로 고마워하며 두런두런 모여 앉아 밥을 먹었다. 차를 마시러 온 손님들도 맛있는 냄새에 숟가락을 같이 들었다.

메뉴를 정하고 매주 장을 봐서 음식을 만들고 치우는 일은 생각보다 힘들었다. 밥하는 날 카페 앞마당은 하루 종일 정신이 없었다. 계획보다 실행이 힘들다는 것을 계획을 짤 때는 왜 모르는지…. 그래도 밥의 힘은 대단했다. 한솥밥을 나누어 먹는 동안 한 식구가 되는 친밀한 경험을 했다. 신기한 것은 이 밥을 먹은 숲동이 엄마들이 다음해에 지원받는 예산도 없었는데 자발적으로 한솥밥을 한 것이다. 밥을 밥으로 보답하는 사이, 그렇게 또 숲동이는 쑥쑥 자라고 있었다.

공동육아 엄마들을 응원하다

3년간의 지원사업이 끝나자 큰 짐을 내려놓은 것처럼 후련했다. 공동체 지원사업은 좋은 점도 많았지만 그만큼 어려운 점도 있었다. 계획하는 것까지는 좋은데, 실행할 때 변경이나 취소가 어렵고, 결과를 문서로 작성하고 평가해야 하는 과정이 부자연스러웠다. 숲동이는 역시 어디에도 매이지 않고 자유롭게 활동하는 게 제일이라는 데 대부분 공감했다.

그런데 이번엔 지인한테서 공동육아나 품앗이를 하려는 엄마들을 지원하고 응원하는 활동을 해보지 않겠냐는 제안을 받았다. 나는 누가 무슨 제안을 하면 덜컥 응하는 버릇이 있다. 그래서 서울 구석구석 품앗이 공동육아 모임 하는 사람들을 만나게 되었다.

'자연과 함께하는 아이들', '숲에서 노는 아이들', '자발이네' 등 다들 개성 있고 개념 있는 모임들이었다. 여기저기에서 엄마들이 아이들을 업고 안고 모여 서로를 돌보고 있었다. '어느덧 나도 다른 엄마들을 도울 수 있는 여유가 생겼구나' 싶은 것이, 세월의 흐름이 확 느껴졌다. 젊은 엄마들이 도시에서 아이들을 같이 키워보자고 모였다는 것만으로도 다들 그렇게 예쁘고 그만큼 안쓰러웠다. 아직 더 몸을 추스렸으면 싶은, 출산한 지 6개월도 안 된 엄마들을 보며 안쓰러웠고, 이웃 아이들을 보살피고 아이가 커갈 미래 사회에 대한 질문을 하는 모습들이 예뻤다.

품앗이 공동육아 아이들 연령이 많이 낮아진 것은 아무래도 5세 이상 유아가 어린이집에 다니면 지원비가 더 많이 나오는 정부 정책의 영향도 있다. 그래서 정작 친구도 알고, 잘 뛰어놀 수 있는 5세 이상 아이들이 품앗이 육아 모임에서 많이 줄었다.

세상에는 다양한 방식의 육아가 있지만, 엄마가 아이를 키우는 것이 가장 자연스럽다. 그런데 언제부턴가 엄마가 아이를 키우는 것이 부자연스러운 사회가 되었다. 정부에서도 아이를 시설에 보내면 보육비를 더 많이 주니 일찌감치 아이를 맡기게 된다. 우스갯소리지만 어린이집 원장님이 엄마보다 믿을 만한가 보다.

그러니 품앗이 육아에 대해 "일하는 엄마들은 어쩌나요?", "맞벌이 안 해도 될 만큼 살 만한가 보죠?", "새로운 형식의 '유난' 아닌가요?" 이런 이야기도 듣게 된다. 그러게 말이다. 일하는 엄마들은 아이를 어떻게 키우란 말일까? 왜 맞벌이 안 하면 먹고살기 어려울까? 품앗이 방식의 육아를 바라보는 시선이 왜 불편한 지경이 되었을까? 육아 정책이란 이렇게 중요하고 사람들의 반응도 민감하다. 엄마나 아빠가 제 시간에 퇴근하고, 육아휴직을 하는 것이 보편화되고 또 직장으로 복직하는 것이 어렵지 않으면 좋겠다. 엄마가 키우든 어린이집에 보내든 지원되는 비용도 같아야 한다. 맞벌이당, 한부모당, 엄마당, 이런 정당들이 만들어져서 목소리를 키우고 정책을 제시하는 상상을 해본다.

공동육아네, 기관육아네 하면서 육아 방식에 선을 긋지 않았으면 좋겠다. 동네 어린이집에 보내면서도 이웃엄마들과 함께 오후에 서로 아이들을 돌보며 잘 지내는 사람도 많다. 맞벌이 부모들도 주말에 모여서 함께 커뮤니티를 만들어가면 된다. 어떤 틀을 고집하는 것은 육아에는 어울리지 않는 것 같다. 조금 덜 힘들고 조금 더 행복한 육아면 충분하지 않을까? 한마디로, 엄마도 밥 좀 먹는 육아 말이다.

그런 의미에서 꼭 숲일 필요도 없다. 숲이 좋다고 숲에 아이들을 모아놓고 마음이 맞지 않아 갈등이 계속되는 모임도 보았다. 가족의 경계를 조금 허물고, 결이 맞는 이웃과 함께하면 그것이 함께하는 육아 아닐까? 멀리 있으면 커 보이고 가까워지면 작아진다는 말을 좋아하는데, 멀리서 볼 때 품앗이 공동육아는 어려워 보이지만 막상 해보면 그저 일상이고 자연스러운 일이라는 것을 경험할 수 있게 되기를 바란다.

품앗이 공동육아의 빛과 그늘

품앗이는 말 그대로 '품을 나누는 것'이다. 그런데 육아는 그 특성상 딱딱 맞아떨어지게 품을 나눌 기준이 없다. 교과목으로 나눌 수 있는 것도 아니고, 밭 크기를 따져 서로 농사일을 돕는 것도 아니니 말이다. 그렇게 따지면 품앗이 육아는 서로 돌아가면서 아이를 돌보는 것이라기보다는 '함께 아이를 돌보는 것'이라고 하는 게 더 맞겠다. 넓게 보면 공동육아의 한 형태이지만, 일반적인 공동육아협동조합처럼 교사와 공간을 준비해서 아이를 맡기는 형식이 아니다 보니, 쉽게 모임을 만들 수 있고 또 아이가 크면 자연스럽게 사라지기 쉬운 특성이 있기도 하다.

숲동이는 숲 언저리에서 엄마와 아이가 함께 자라는 품앗이 공동육아 모임이다. 공동체라고 하기엔 문턱이 낮고, 품앗이라고 하기엔 손익에 맞게 딱 일을 나누지 않는다. 아이가 둘인 엄마, 일하는 엄마, 몸이 약한 엄마, 손이 큰 엄마, 힘이 센 엄마, 책을 잘 읽어주는 엄마, 마음을 알아주는 엄마, 여러 엄마들이 모이다 보니 해마다 새로운 색깔의 모임이 만들어진다.

   자연스럽게 모이다 보니 열 명의 엄마가 있으면 그 성향이 다 다르다. 어떤 엄마는 아이를 잘 돌보지만, 어떤 엄마는 자기 한몸 챙기기도 벅차다. 어떤 엄마는 밥을 잘 해먹이지만, 어떤 엄마는 그쪽으로는 별로 재능이 없다. 어떤 엄마는 다정하게 책도 잘 읽어주지만, 무뚝뚝한 엄마도 있다.

   하지만 한 엄마가 한 명의 아이를 보는 것에서 열 명의 엄마가 열 명의 아이를 보는 것으로 확장되면 아무래도 여유가 생긴다. 한두 명은 장을 보러 갈 수도 있고, 한두 명은 쉴 수도 있다. 또 아이들은 내 엄마가 아닌 친구의 엄마까지 많은 엄마를 겪게 되고, 엄마들은 내 아이가 아닌 여러 아이를 겪게 된다. 서로 싸우기도 하고, 섭섭한 일도 생긴다. 더 좋은 다른 엄마 모습을 보고 자괴감에 빠지기도 하고, 힘든 누군가를 위로하다가 용기를 내기도 한다. 함께 지내는 시간 속에서 돌이켜보게 되고, 웃고, 행복해진다. 그런 시간들이 쌓이다 보니 누구보다 든든한 이웃이 된다.

   하지만 그만큼 많은 문제도 생긴다. 내 아이와 님의 아이를 가까이서 보게 되면서 생기는 갈등이야 어쩔 수 없는 거지만, 부부끼리도 마음 맞추는 일이 쉽지 않은데 육아를 매개로 다른 부모들끼리 모였으니 당연한 일이다. 서로의 품에 대한 보상이 때로는 고마운 인사로, 때로는 음식으로 돌아오기도 하지만 간혹 자신의 노고를 아무도 몰라주는 서운한 경우가 생기기도 한다.

또 엄마마다 양육 태도가 다르다 보니 생기는 문제도 있다. 그렇기 때문에 함께 키우면서 생기는 여러 가지 갈등이나 문제를 해결하기 위해서는 모두가 합의하는 원칙을 정해두면 좋다. 숲동이놀이터에서도 몇 가지 원칙을 정해놓고 갈등이 생길 때에는 이것을 참고해서 해결책을 찾았다.

- 자유롭게 (아이들이 자유롭게 놀 수 있도록 되도록 개입하지 않는다.)

아이들이 놀 때 엄마들이 자꾸 개입하는 것이 오히려 방해가 되었다. 그래서 엄마들은 가능한 한 아이들 놀이에 끼어들지 않기로 약속했다.

- 자연에서 (만들어진 장난감은 갖고 오지 않고 자연에서 찾아서 논다.)

장난감을 가져오는 친구 때문에 다른 아이들이 속상해하고 싸우는 일이 생기자, 장난감을 가져오지 않기로 약속했다. 내 것도 네 것도 아닌 자연 속에서 놀잇감을 찾게 된 것이다. 누구보다도 아이들이 이 약속을 잘 지키고 있다.

- 함께 (서로 다투거나 다치더라도 이해한다.)

아이들은 꼭 싸운다. 싸우면서 서로에 대해 알게 된다. 정작 아이들은 괜찮은데 엄마들은 그 과정을 편히 지켜보기가 쉽지 않다. 어른의 개입이 필요할 때는 당사자 엄마가 아닌 다른 엄마가 이야기를 들어주는 게 좋다. 또 놀다 보면 다칠 때도 있고 안전을 살펴야 할 때가 있으므로 내 아이 남의 아이 가리지 않고 서로 돌보기로 약속했다.

- 느리게 (모든 활동은 충분한 시간을 두고 기다려준다.)

품앗이를 하다 보면 제일 마음 쓰이는 것이 모두 신나게 놀 때 혼자 놀거나 뭔가 마음에 들어하지 않는 아이가 있는 경우다. 그럴 때 엄마들은 속상하다. 사회성이 부족한가? 발달이 느린가? 조바심도 난다. 아이마다 다름을 이해하고 내 아이와 남의 아이를 비교하지 않기로 약속했다.

- 엄마도 즐겁게 (엄마의 행복이 아이의 행복만큼 중요하다.)

숲이 아무리 좋고, 아이가 신나게 잘 놀아도 엄마가 즐겁지 않으면 불편하기 짝이 없다. 품앗이에서 제일 중요한 건 어쩌면 '엄마가 즐거운가'가 아닐까? 엄마들이 잘 놀아야 아이들이 자유롭게 놀 수 있다. 숲에 다니는 동안 오카리나도 배우고, 책도 같이 낭독해보고, 뜨개질도 하고, 서로 이런저런 재능을 나누는 재미를 누릴수록 품앗이도 풍요로워진다.

- 사람과 자연이 조화로운 세상 (내 아이가 아닌 우리 아이로 키운다.)

숲동이가 시작된 결정적 계기는 첫 터전을 내준 생태보전시민모임이 있었기 때문이다. 공간이 그만큼 중요히다. 만나는 강소기 환경단체 시무실이다 보니 오가며 배우는 것이 참 많았다. 그래서 대부분 그 단체 회원이 되었다. 내 아이가 아닌 우리 아이로 키우기 위해서는 마을과 사회가 함께해야 하므로 지역 활동이나 사회 기여에 동참하는 마음이 있어야 한다.

다른 아이와 부모를 껴안는다는 것

6년째 되던 해, 우리가 놀았던 활동들을 바탕으로 『숲에서 자란다』는 책자를 만들었다. 처음에 책을 엮을 때는 전국 곳곳에 뜻이 맞는 부모들이 모여 아이들과 함께 숲을 찾는 작은 품앗이 모임들이 생겨나기를 바랬다. 그리고 직접 전하기가 어려운 새로운 숲동이 식구들에게도 책으로 그 가치를 전해주고 싶었다. 함께 아이를 키우는 일이 얼마나 어렵고 힘든 일인지, 하지만 얼마나 기쁜 일인지 담고 싶었다.

정작 책을 만들면서 살펴본 6년간의 일지에는 즐거운 이야기와 멋진 사진들만 있었다. 갈등이나 불만, 어려움은 잘 드러나지 않았다. 아무래도 많은 사람이 보는 온라인 카페에 갈등을 드러내기는 쉽지 않았을 것이다. 그리고 어떤 문제가 있는지 알고 있어도 그것을 해결하기 위해 당사자가 아닌 사람들이 끼어들기도 어려운 일이었다. 그래서 책에 실을 후기를 받기로 했다. 그간 숲동이 활동을 했던 엄마들에게 후기를 부탁했을 때에야 그 갈등이 보이기 시작했다. 즐겁게 활동했고 앞으로도 쭉 이 모임을 이어가고 싶은 엄마들은 흔쾌히 후기를 써주었지만, 쓸 엄두를 내지 못하는 엄마들도 있었다. "좋은 말만 쓰자니 거짓말 같고, 갈등이나 불만을 써봤자 이제 와서 뭐 하겠나, 서로 상처만 될 뿐"이라고 했다. 나 역시 내가 겪은 일들을 편한 마음으로 꺼내놓기가 쉽지 않았다.

그런데 다른 곳에서 품앗이 육아를 하는 분들을 만나보니 어디

나 그런 갈등이 있었다. 아이에게 좋은 활동일 것 같으면 참여하고, 함께 힘을 모아야 하는 어려운 일이 있을 때면 늘 몸이 아프거나 시댁에 무슨 일이 생기는 그런 엄마를 심한 말로 '먹튀'라고 한다는 얘기도 들었다. 물론 이런 사람들보다는 자신이 더 줄 것은 없을까, 뭘 함께하면 재미있을까 고민하면서 마음을 내는 엄마들이 더 많기에 품앗이 공동육아 모임이 굴러갈 수 있다.

언젠가 중학생인 큰아이의 도덕 교과서를 보게 되었다. 공동체란 무엇인지, 개인의 삶과 공동체의 삶을 어떻게 조화롭게 이룰 수 있는지에 대한 원론적인 이야기가 적혀 있었다. 공동체가 강조되면 개인이 힘들어지고, 개인의 권익이 우선되면 자신의 이익만 챙기는 이기주의가 늘어나므로 자율성을 보장하며 서로 조화를 이루어야 한다는 무척 '도덕적인' 이야기였다. 그런데 그 원론적인 이야기가 내 눈에 쏙 들어왔던 이유는 우리가 살아오면서 실제로 이런 것을 배운 적도, 경험한 적도 별로 없다는 것을 깨달았기 때문이다. 숲동이놀이터는 매년 1, 2월에 건강한 먹거리와 숲에서의 안전교육, 지구환경 등을 주제로 예비 모임을 갖는데, 정작 아이를 안고 품앗이 육아를 찾은 엄마들과 공동체에 관한 이야기는 충분히 나누지 못했다는 걸 알게 되었다.

> 숲동이 첫날, 아이들 안아주기를 했는데 솔직히 어색했어요. 내 아이를 품에 안는 건 자주 했지만 다른 아이들은…. 그런데 지금은 누구보다 꼭 껴안을 수 있어요.

숲동이 일지에 적혀 있는 한 엄마의 글이다. 아이들이 어울려 크며 한솥밥을 먹었던 많은 날들 속에서 아이들만이 아니라 엄마들도 함께 큰 게 아니었을까? 물론 오늘도 여기저기서 갈등이 생겨나고 있지만 말이다.

'보육'은 다른 노동에 비해 그 가치가 많이 폄하되어서 아이 키우는 일의 소중함을 사람들은 잘 모른다. 아이를 '함께' 키우는 일의 가치도 마찬가지다. 경제적인 가치로는 환산할 수 없을 만큼 중요한 사회 기여의 한 방법인데, 그저 단편적인 시각으로 접근하는 경우도 있다.

인류학자 데이비드 그래버에 따르면 화폐가 출현하기 전, 사람들은 물물교환이 아니라 그저 필요에 따라 혹은 물건의 유무에 따라 이것저것 주고받았을 뿐이다. 서로 빚을 지고 있다는 공통점이 사람들을 하나로 묶어주었고, 그런 주고받음이 불완전하게나마 계속 이어지며 공동체는 유지되었다고 한다. 화폐는 이전 체제에서는 완결될 필요가 없었던 거래, 마치 몸 안의 순환계처럼 작용하던 그 주고받음을 완결짓기 위해, 그를 통해 단절을 만들어내기 위해 고안되었다.(『멀고도 가까운』, 리베카 솔닛)

서로 돌보는 시간이 길어지고 주고받는 게 다양해질수록 서로 빚을 지고 있다는 원시적이고 본능적인 연대감을 갖게 되는 것 같다. 더 이상 양으로 표시할 수 없는 거래가 쌓인 것이다.

세상이 험할수록 아이를 안전한 울타리에서 키우고 싶은 마음은 모든 부모의 바람일 것이다. 그렇지만 내 아이만 위하는 육아는 다른 사람에게 부담을 줄 뿐이다. 내 아이를 위한 체험 프로그램 위주의 품앗이 교육으로는 친구를 만들기 어렵다. 이왕 품을 낼 거면 어린이집에 가기 전까지로 국한하지 말고, 이를 계기로 자기 삶을 바꾸고 오랫동안 서로 돕는 이웃을 만나겠다는 마음으로 시작했으면 좋겠다. 내 아이, 남의 아이의 구분과 경쟁에서 벗어나 함께 자랄 수 있는 첫 번째 기회는 품앗이 육아일지도 모른다. 이웃을 만나 우정을 나누고 싶은 엄마와 아이들에게 희망을 걸어본다.

마을놀이터를 꿈꾸며

마을에 물푸레 북카페가 생기자 엄마들은 저마다 하고 싶은 것, 배우고 싶은 것이 무엇인지 마음속에 품고 있던 꿈들을 하나씩 풀어내기 시작했다. 숲활동 경험을 바탕으로 숲길잡이가 되고, 동네 텃밭지기가 되고, 바느질 솜씨로 옷을 고쳐주는 수선실을 열었다. 세계문학을 읽고, 타로 공부도 하고, 그림도 그리고, 벼룩시장도 열고, 촛불을 켜고 에너지 자립 캠페인 캔들데이 공연도 했다. 이제는 소음 민원으로 못하게 되었지만, 한동안 카페는 물푸레합창단이 노래 연습을 하는 공간이 되기도 했다. 물푸레는 학교에 갔다 온 아이들이 잠시 쉬었다 갈 수 있는 안전한 곳이기도 하고, 엄마와 아이를 응원하는 공간, 함께 배우고 즐겁게 연결되는 공간이다.

요즘은 뜨개 모임 '다뜨자'가 뜨겁다. 열 명이 넘는 엄마들이 저마다 맛난 간식을 한아름씩 안고 모여 뜨개질을 한다. 뜨개를 가르쳐주시는 목화샘은 다뜨자의 교주 수준이다. 손주들을 돌보시는 틈틈이 가르쳐주시는데 그 열정과 넉넉함이 참 멋지다. 30년이 넘게 뜨개질을 해오신 이야기를 풀어놓으면 엄마들은 함께 눈물을 흘리다 웃었다 한다. 아이 키우기 힘들어하는 이야기를 들으시면 엄마의 엄마 입장에서 이야기를 풀어주시기도 한다. 그렇게 뜨개질 하며 사는 이야기를 두런두런 나누다 보면 나처럼 이제 육아에 여유가 생긴 엄마들과 아직 아이가 어린 젊은 엄마들이 어느덧 하나가 된다. 초등생 딸들도 엄마처럼 뜨개질을 하겠다고 옆에 앉아서 배운다. 그렇게 촘촘히 서로를 이해해가는 시간이 얼마나 즐거운지. 우리는 이 시간을 토킹 테라피라 한다. 이런 보배 같은 사람들과 실 하나로 서로 연결되어가는 재미에 푹 빠져 있다.

얼마 전에는 한 어르신이 카페에 오셨다. 지리학을 가르치다 은퇴하신 분인데, 이렇게 엄마들이 모여 멋진 공간을 만든 것을 보고 감동받았다고 하시며, 미국에서 친구들이 오는데 여기를 구경시켜 주어야겠다고 했다. "우리나라가 품격을 갖추어야 하는데 요즘 시국은 너무나 부끄러운 현실이다" 하시며 열심히 활동하라고 응원해주셨다.

이제 숲동이놀이터도 내년이면 10주년을 맞는다. 지금도 엄마들은 아이들 손을 잡고 숲에 가기 위해 물푸레에 모인다. 처음 숲동이를 함께했던 엄마들은 이제 큰언니뻘이 되었다. 뒤에서 잘하

물푸레에서 뜨개질 하는 엄마들.
촘촘히 서로를 이해해가는
시간이 얼마나 즐거운지. 우리는 이 시간을
토킹 테라피라 한다. 이런 보배 같은
사람들과 실 하나로 서로 연결되어가는
재미에 푹 빠져 있다.

고 있다고 응원하고 언제나 환영하는 물푸레가 되고 싶다. 여성과 아이들의 따뜻한 품. 요즘은 손 좀 크고 음식 좀 하는 물푸레 활동가들이 동네 공동부엌을 빌려서 육아에 지치고 외식에도 지친 엄마들을 위해 '언니가 만들어줄게' 프로젝트를 실험 삼아 해보고 있다. 잡채, 김밥, 열무김치처럼 먹고는 싶은데 손이 많이 가는 것들을 동네부엌에서 만들어 나누는 것이다. 엄마들의 반응이 뜨겁다. 몸은 좀 고되지만 아이를 키워본 언니들이니까 할 수 있는 것 같다. 마을마다 이런 공간들이 많아졌으면 좋겠다.

어디라도 마음을 열면 생각보다 멋진 일들이 일어나지 않을까? 아이를 같이 키우는 재미를 알아가며, 부모에게 육아가 '어두운 터널'이 아니라 새로운 세상으로 넘어가는 '행복한 다리'가 되었으면 좋겠다. "내를 건너서 숲으로 / 고개를 넘어서 마을로" 윤동주 시의 한 구절처럼 숲동이놀이터의 아이들도 엄마들도 혼자 하는 힘든 육아를 건너 숲으로, 함께하는 품앗이 육아를 통해서 이곳 물푸레마을로 온 것이 아닐까?

'자출면 청양리' 엄마들의 온라인 마을

자출가모 청양 모임

온라인 카페 '자출가모(자연주의출산가족모임)' 회원 가운데 2015년생 청양띠 아기를 둔 부모들의 커뮤니티. 주로 SNS를 통해 소통하지만 한 달에 몇 번씩 '번개' 모임을 가질 만큼 오프라인에서도 활발히 만나고 있다.

최세민

만화광, 아이돌 팬, 노래패 회장, 백수, 계약직, 일벌레의 역사를
뒤로 하고 '풀타임 엄마'가 되었다. 살림 젬병, 요리 초짜이면서
자연주의 육아를 위해 고군분투 중이다. 아이 키우기보다
미성숙한 자신을 키우는 데 더 골몰하고 있다.

-
-
-

임명장

위 사람은 전국 각지에서 열리는 번개에
홍길동마냥 동에 번쩍 서에 번쩍,
무한 체력으로 참석하여 자리를 빛내주었기에
자출 청양 공식 번개요정으로 임명합니다.

 지난 여말 '자출면 청양리 마을잔치'의 임명장 수여식에서 MVP라 할 수 있는 '번개요정' 타이틀을 거머쥔 사람이 바로 나. 자출면 청양리는 무엇이며, 임명장은 왜 주는지, 번개요정은 대체 뭔지, 지금부터 썰을 풀어보려 한다.

요정들과의 만남

지난해 초, 청천벽력이 두 번 떨어졌다. 첫 번째는 가까이 살던 친정 부모님이 강원도로 이사를 가시게 된 것이고, 두 번째는 남편이 해외로 발령이 난 것이다. 흔히들 양가의 도움을 받을 수 없고 남편이 바빠 혼자 육아를 감당해야 할 때 '독박육아'라는 말을 쓰는데, 나야말로 하루아침에 '독박' 신세가 되고 말았다.

내가 납득하기도 전에 친정 이사날은 지나갔고, 남편은 비행기를 탔다. 막 돌이 지나 걷기 시작한 아이와 발랄한 고양이 두 마리를 나 혼자 책임져야 하다니. 두 달 정도는 '멘붕'의 나날을 보냈다. 종교도 없으면서 주말이면 어디 교회나 성당, 절에라도 가서 의지해볼까 고민될 정도였다. 아이에게 필요 이상의 자극을 주지 말자는 신념으로 문화센터는 쳐다도 안 보던 내가 동네 엄마들을 사귀려면 뭐라도 등록해야 하나 갈등했다. 감기 정도로는 병원도 안 가면서 육아 소모임이 있다는 이유로 지역의 의료복지 사회적 협동조합에 가입하기도 했다. 하지만 경쟁률이 높아서인지 육아 모임에 참여하고 싶다는 의사를 밝혔음에도 아무런 연락이 없었다.

그러던 중 한줄기 빛이 찾아왔다. 5월 초, 온라인 카페 '자출가모(자연주의출산가족모임)'에 글이 하나 올라온 것이다. "2015년생 아가를 둔 엄마들 모여요!" 가뭄에 단비였고, 쥐구멍에 든 볕이었다. 그렇게, 자연주의 출산과 육아라는 철학을 공유하는 2015년생 아이를 둔 전국의 엄마들이 SNS를 통해 뭉쳤다. 2015년은 청양띠의 해라 '자출가모 푸른양띠 모임'이라는 이름이 붙었다. 우리끼리는 '자출 청양'이라 줄여 부르며, 청량리랑 비슷하다고 '자출면 청양리'라는 우스갯소리도 했다.

회원 수는 60명을 훌쩍 넘겼고, 채팅방은 늘 성황이었다. 아이의 생활 패턴에 따라 아침반, 저녁반, 새벽반 등 채팅에 참여하는 시간대는 달랐지만 24시간 내내 채팅창에 불이 났다. 잠시 한눈을 팔면 수백 개의 메시지가 올라와 있기 일쑤였다. 5월 말부터는 드디어 오프라인 모임이 시작되었다. 장대한 번개시대의 서막이었다. 전국 단위 번개 모임은 연말까지 만 7개월 동안, 인증샷을 남긴 공식 모임만 116회에 이르렀다. 두세 명이 모인 비공식 번개까지 합하면 그 횟수는 상상을 초월한다.

우리끼리는 서로를 요정이라 불렀다. 애 낳고 몸이 불어날 대로 불고 고된 육아에 주름도 늘 대로 늘었지만 우리끼리라도 서로를 아껴줘야 하지 않겠나 하는 마음에서다. 비싼 스튜디오에 가지 않고도 아이 사진을 잘 찍어 '스냅요정', 뚝딱뚝딱 아이 옷을 잘 만들어 '금손요정', 야무지게 살림을 잘해서 '살림요정', 아들 둘쯤이야 거뜬한 엄마라서 '육아요정'…. 나는 뭔가에 깊이 빠지는 덕후 기질이 있어 평소 '덕후요정'을 맡고 있었는데, 116회의 번개 중 67회라는 출석률을 기록하며 연말잔치에서 MVP라 할 수 있는 '번개요정'에 임명되었다.

숨통 트이는 번개 모임

왜 그렇게 번개에 열심히 나갔을까? 돌이켜보면 살기 위해 나갔다는 표현이 가장 정확하다. 막 걷기 시작한 아이는 매일 공원에 나들이를 가도 에너지가 다 발산되지 않았다. 24시간 내내 잠시도 아이와 떨어지지 않는, 말 그대로 독박육아를 하다 보니 밥을 제때 챙겨 먹기도, 화장실 한번 편히 가기도 쉽지 않았다. 그런데 번개 모임에 가면 세상 둘도 없는 껌딱지인 아이가 나한테서 떨어졌다. 친구와 놀고, 언니 오빠들을 쫓아다니고, 이모들이 주는 밥도 잘 받아먹었다. 그제야 나는 숨을 돌릴 수 있었다. 밥도 먹을 수 있고 웃을 수도 있었다. '어른인 사람'과 이야기하는 즐거움이 절실했던 내게 엄마들과의 모임은 세상과 연결된다는 느낌을 주었다. 혼자가 아니구나, 나 같은 동지들이 많이 있구나, 위로가 되었다.

엄마가 되어 가장 힘든 일을 꼽으라면 단언컨대 세상과의 단절, 고립이라고 하겠다. 마을이 없어진 지금, 엄마들은 각자 하나의 섬이 되어 외롭게 아이를 키우고 있다. 잠을 못 자서, 끼니를 제때 못 챙겨 먹어서, 씻지 못해서, 편히 싸지 못해서만 육아가 힘든 게 아니다. 학교 다니고 일을 하며 사회구성원으로 살던 여성이 출산과 동시에 집에 처박혀 말도 안 통하는 아이하고만 소통해야 하는 것이 지금 젊은 엄마들이 겪는 가장 큰 어려움이다.

흔히 엄마들의 온라인 커뮤니티는 킬링타임용 수다가 주를 이룬다는 인식이 있다. 단체 채팅도 마찬가지다. 오죽하면 '아줌마 수

왜 그렇게 번개에 열심히 나갔을까?
돌이켜보면 살기 위해 나갔다는 표현이
가장 정확하다. '어른인 사람'과 이야기하는
즐거움이 절실했던 내게 엄마들과의 모임은
세상과 연결된다는 느낌을 주었다.

다'라는 말이 있을까. 그러나 나에게 자출 청양 엄마들과의 채팅은 세상과 통하는 유일한 창구였다. 해외에 나가 있는 남편과는 시차와 인터넷 환경 등의 이유로 일주일에 한 번 영상통화를 할까 말까 한 상황이었다. 이제 막 말문이 터져 매일 주옥같은 어록을 쏟아내는 아이의 일거수일투족을 나눌 육아 동지 청양 엄마들이 없었다면 나는 고립감에 미쳐버렸을지도 모른다.

정도의 차이는 있겠지만 내 육아 동지들도 비슷한 상황이었던 것 같다. 대학원까지 나오고 나름의 커리어도 쌓았지만 아이와 함께하기 위해 직장을 그만둔 한 엄마는 언젠가 다시 세상으로 나갈 수 있을까 불안해했다. '경단녀(경력 단절 여성)'로서 기회가 사라지는 것이 두렵고, 다른 한편으로는 아이에게 온전히 집중하지 못하는 마음 때문에 죄책감에 시달리기도 했다. 그런가 하면 공부도 일도 무엇 하나 어려울 것이 없었지만 육아는 뜻대로 되지 않는 일투성이라 괴롭다는 엄마도 있었다. 블로그나 SNS를 보면 다들 잘 해내고 있는 육아를 나만 헤매고 있는 건가 하는 자괴감을 토로하기도 했다. 각자 처한 상황에 따라 느끼는 감정의 종류와 크기가 다 다를 텐데, 세상은 초보 엄마들의 고민을 뭉뚱그려 '산후우울증'이라고 명명할 뿐이다. 그러나 자출 청양 모임에서는 두려움도 죄책감도 자괴감도 속 시원히 털어놓을 수 있었다. 아이를 키워내는 정말 대단한 일을 잘하고 있다고 서로를 격려했다.

나는 산후조리원 동기도 없고, 또래 아이를 키우는 친구와도 육아관이 달라 나눌 수 있는 이야기가 많지 않았다. 그러나 자연주의 출산과 육아라는 공감대를 가진 청양 엄마들과는 생생하고 폭넓은 대화를 나눌 수 있었다. 이유식 레시피 공유, 배변 소통에 대한 조언 같은 가벼운 이야기부터 애착육아 방식에 대한 토론, 가족들과 갈등 푸는 법, 앞으로의 삶에 대한 고민까지 이곳에서 나누지 못할 이야기는 없었다. 신기한 점은 보통 육아관이 다르면 입을 닫기 일쑤인데 청양 엄마들은 서로의 다름을 인정하고 존중한다는 것이다. 누구 한 사람의 노력이 아니라 이 모임을 소중히 여기는 구성원 전체의 노력으로 존중하는 문화가 자연스레 싹튼 것 같다.

매일같이 채팅으로 이야기를 나누다 보니, 오프라인 번개 모임에서 처음 만나도 알고 지내던 사이 같은 반가움을 느꼈다. 어느새 우리는 육아뿐 아니라 좋아하는 책과 음악, 어린 시절 일화들을 나누는 진짜 친구가 되어갔다. 넉 달 만에 휴가를 받아 귀국한 남편은 스마트폰을 보며 낄낄대는 나를 보고 눈살을 찌푸렸지만, 청양 엄마들이 지금 나의 가장 가까운 친구들이고 당신의 부재를 위로해준 동지들이라고 설명하자 불만이 쑥 들어갔다. 잦은 번개를 못마땅해하던 다른 남편들도 우리 모임의 긍정적인 에너지와 발전적인 성장을 보며 차츰 이해와 지지를 보냈다.

초여름 가벼운 나들이로 시작한 번개 모임은 세 가족이 함께한 캠핑과 수영장, 계곡 등지를 찾아다닌 물놀이 번개를 거쳐 여섯 가족의 제주 여행으로 이어졌다. 아빠들의 여름휴가에 맞춰 버스를 대절해 제주의 해수욕장을 섭렵한 것이다. 나는 비록 참여하지 못했지만 제주에서 낮과 밤을 함께 보낸 청양 식구들은 공동육아 마을을 꿈꾸게 되었다고 말했다. 그 후 서울은 물론 경기 각지에서 우후죽순 번개가 열렸고 충청도, 전라도, 경상도에서도 번개 모임이 수시로 열렸다. 그때부터 우리가 버릇처럼 하게 된 말이 있다.
"다 같이 모여 살면 참 좋을 텐데."

하지만 당장 모여 살 순 없어도, 전국 어디를 가도 선뜻 문을 열어주고 먹여주고 재워주는 친구들이 있는 것만으로도 참 좋았다. 강원도에서 서울로 놀러와 묵어가고, 경기도에서 전남 나주를 찾아가기도 했다. 여름엔 마당 있는 집에 사는 엄마가 작은 수영장을 준비해 번개 모임을 열었고, 승합차에 여러 가족이 타고 가 그 초대에 응하기도 했다. 요리를 잘하면 잘하는 대로 못하면 배달음식으로라도 멀리서 찾아온 친구를 환영했다. 밤이 되면 한 방에 아이들을 다 재운 뒤 부엌에 모여 야식을 먹으며 채팅에서 못다한 이야기를 나누기도 했다.

여럿이 모이면 집에서 엄마하고만 있을 때보다 아이들도 더 신이 나서 잘 놀았다. 밥을 잘 안 먹던 아이도 친구들과 함께 먹으니 한 그릇씩 뚝딱 비웠다. 몇 개월 동안 하루가 멀다 하고 만나다 보니 아이들은 청양 이모들과 눈만 마주쳐도 까르르 넘어갈 만큼 가까운 사이가 되었다. 아이와 집에만 있을 때는 그렇게도 안 가던 시간이 번개만 나가면 아쉬울 만큼 빨리 지나갔다.

급기야 어느 가을날, 우리는 기차를 타고 전주 여행을 떠났다. 아빠 없이 엄마와 아이들끼리만 대중교통을 이용해 한옥 민박에서 이틀을 머무는 프로젝트였다. 두 가족씩 다섯 개의 방을 빌리고 손

수지은 한복도 싸 갔다. 아기띠로 아이를 들쳐 업고, 유모차를 끌고, 손을 잡고 걸으며 우리는 한옥마을을 누볐다. 한복을 입고 한옥 사이를 아장아장 걷는 아이들에게 관광객들은 열광했다. 장난감이 없어도 아이들은 엄마들이 함께 부르는 노랫소리에 들썩들썩 춤을 추고 까르르 데굴데굴 넘어갔다. 저녁엔 아이들을 재운 뒤 엄마들끼리 거실에 모여 질문 카드를 펼쳐놓고 서로의 인생에 대해 이야기를 나눴다.

남편 없이 아이와 둘이서 보내야 하는 일상생활도 두려워하던 내가 아기띠를 하고 캐리어를 끌고 기차를 타고 전주까지 가다니! 장족의 발전, 놀라운 성장이 아닐 수 없었다. 남의 아이까지 선뜻 챙겨 먹이고 달래고 예뻐하다니, 스스로 돌이켜봐도 아이 하나 키우기도 힘겨워하던 그 초보 엄마가 맞나 싶은 변화였다. 나의 육아 동지이자 친구인 청양 엄마들은 그렇게 나를 성장시키고 새로운 일에 도전할 수 있는 용기를 주었다.

엄마가 주인공인 육아 모임

백 번이 넘는 번개 동안 오로지 먹고 놀기만 한 것은 아니었다. 한 달에 한 번 육아서를 읽는 독서토론 모임을 하고, 『민들레』 읽기 모임도 했다. 발도르프 습식 수채화를 함께 배우고, 비폭력대화 강의도 듣고, 우쿨렐레 연주 모임도 했다. 놀랍게도 이 모든 모임이 아이들을 동반한 채 열렸다. 동화책 읽어달라며 끊임없이 책을 가져오는 아이, 화장실을 가겠다고 계속 들락거리는 아이, 귤을 짓이겨 온 사방에 뿌리고 다니는 아이들 속에서 우리는 독서토론을 했다. 그림을 그릴 때는 엉덩이로 아이를 밀며 도화지를 사수하거나 10킬로그램이 넘는 아이를 업고 붓질을 할 때도 있었다.

학구열만 높은 것이 아니었다. 실행력도 끝내주는 화끈한 엄마들이었다. 자출 청양 로고를 공모해 투표를 통해 로고를 선정하고 단체 티셔츠를 맞췄다. 아이, 엄마, 아빠 것을 각각 디자인해 티셔츠를 주문하고는 함께 모여 포장하고 발송을 했다. 단체 티 판매 수익금은 베이비박스에 기부했다. 여름 내 번개 때마다 엄마도 아이도 이 티셔츠를 입고 만났다.

함께 장거리 여행을 하기 힘들 때는 함께 사진을 찍기도 했다. 아이 드레스를 만들어 '이상한 나라의 앨리스' 콘셉트로 사진을 찍거나 호박을 파서 할로윈 베이비 사진을 찍는가 하면, 어린이 하프의 일종인 라이어를 함께 조립한 후 아이들에게 하얀 원피스를 입혀 아기 천사 콘셉트로 촬영을 했다. 이렇듯 일상을 신나게 즐길 줄 아는 엄마들 덕분에 웃음이 그칠 날이 없었다.

화끈함의 절정은 연말잔치였다. 당일 사정이 생겨 못 온 사람들도 있었지만 한파가 몰아친 겨울날 무려 열일곱 가족이 모였다. 경남 밀양, 전남 나주에서도 잔치에 함께하기 위해 온 가족이 출동했다. 남편 없이 둘째를 임신한 몸으로 아이를 업고 참석한 엄마도 있었다. 우리는 한 달 전부터 일을 나눠 잔치 준비를 했다. 모임 장소를 빌리고, 회비를 걷고, 프로그램을 짰다. 현수막을 대신해 '2016 자출면 청양리 마을잔치' 간판을 수채화로 그렸다. 그동안 그린 그림들도 전시하고 번개의 추억을 영상으로 만들어 함께 보았다. 재치 넘치는 스피드 퀴즈, 어느 아이가 아빠에게 더 빨리 가는지 달리기 시합도 했다. 또 간소한 선물을 준비해 뽑기로 나눠 가졌다.

잔치의 하이라이트는 임명장 수여식이었다. 각자 장기를 살려 채팅방에서 '○○요정'으로 불리고 있었는데, 이것을 정리해 임명장으로 만든 것이다. 질문요정, 채식요정, 육아멘토요정, 센스요정, 인내요정, 해변요정, 코바늘요정, 리듬요정, 은근요정, 긍정요정 등 무수히 많은 요정들에게 임명장이 수여되었다. 임명장에 적힌 문구를 읽으며 지난 일 년을 돌아보는 웃음과 감동이 넘치는 시간이었다. 이토록 재주 많은 엄마들이라니! 청양 모임이 없었으면 이런 끼와 신명을 발산하지 못하고 어떻게 살았을까? 연말잔치를 하고 남은 회비는 보육원에 기부했다. 마음까지 따뜻한 팔방미인 요정들이 아닐 수 없다.

만남을 통한 성장

보통 엄마들 모임은 아이에게 무언가를 해주기 위해 열린다. 아이에게 특별한 체험을 시켜주거나 육아에 도움 되는 것을 배우는 모임이 많다고 들었다. 그러나 청양 엄마들의 모임은 아이보다 엄마들에게 초점이 맞춰져 있다. 아이에게 그림을 가르쳐주기 위해서가 아니라 엄마가 그림을 그리고 싶어서 습식 수채화를 배운다. 가족을 비롯해 다른 사람들과 소통을 잘하고 싶어서 비폭력대화를 배운다. 엄마가 즐겁게 노래하며 연주하고 싶어서 우쿨렐레를 배운다.

청양 모임들 중 가장 애착이 가는 모임은 발도르프 습식 수채화 모임이다. 나는 이미 다른 모임에서 습식 수채화를 먼저 접했었는데, 그림에 자신이 없는 사람도 즐겁게 그릴 수 있고 내면의 상태에 집중하게 하는 데 매력을 느껴 청양 엄마들과 함께 하고 싶어 모임을 꾸렸다. 어릴 때부터 나서기를 좋아해 여러 모임에서 리더 역할을 해보았지만 이 모임처럼 순수하게 다른 사람에게 기여하는 기쁨을 느낀 적은 없었던 것 같다.

전에는 모임을 생각하는 열정의 크기나 방식이 다르다는 이유로 구성원들과 마찰을 빚곤 했다. 난 주로 열정의 크기가 큰 쪽이었다. 그런데 아이와 함께하는 모임에서는 열정만으로 열심히 참여할 수가 없다. 고대하던 모임날인데 아이가 갑자기 아플 수도 있고, 준비를 잔뜩 해왔어도 아이가 놀아달라거나 안아달라고 떼를 써서 말 한마디 제대로 나누지 못할 때도 있다. 그러나 그 와중에서 나누는 한마디, 혼돈 속에서 그리는 한 장의 그림이 주는 울림이 매우 컸다. 이 모임을 통해 나는 비로소 '모임이란 어때야 한다, 모임 구성원은 어떠해야 한다'는 고정관념을 깰 수 있었다. 각자

할 수 있는 만큼만 모임에 기여하면 되는 것이었다. 내가 조금 더 할 수 있다면 대가를 바라지 않고 시간과 정성을 들였고, 그에 대해 다른 엄마들은 진심 어린 감사를 표했다. 진심으로 맺어진 관계는 나를 더 열린 사람으로 성장시켰다.

한 번은 각자의 출산 당시 감정과 상황을 그림으로 표현해본 적이 있다. 서로의 출산기를 나누며 눈물짓기도 하고, 응어리처럼 뭉쳐 있던 상처가 해소되기도 했다. 꼼지락꼼지락 노는 아이 옆에서 그 아이를 출산하던 당시를 회상하며 그림을 그리는 것은 우리 모두에게 매우 특별한 경험이었다. 그림을 그리고 나니 아이가 더 사랑스러웠다. 내 아이뿐 아니라 친구의 아이들도 더욱 사랑스럽고 귀하게 느껴졌다.

하나의 그림을 여럿이 함께 그리는 공동 작업을 할 때는 함께하는 사람을 신뢰하는 법을 배우기도 했다. 혼자 그렸으면 절대 나오지 않았을 색상이 탄생했고, 처음 그린 사람의 의도와 전혀 다른 형태가 등장하기도 했다. 그렇게 완성된 그림은 마치 인생 같기도 하고 우리 모임 같기도 했다. 예상한 대로 흘러가지 않는다는 점에서 우리 인생을 닮았고, 혼자일 때는 볼 수 없던 걸 보게 도와주고 보완해주고 의지가 된다는 점에서는 우리 모임을 닮았다. 이미 성인이지만 엄마 나이로는 아직 어린 우리들은 아이와 함께, 그리고 서로를 만나 그렇게 성장하고 있었다.

아이는 부모의 말이 아니라 행동으로부터 배운다는 말이 있다. 부모가 스스로 더 나은 사람이 되기 위해, 성장하기 위해 노력하면 아이는 자연스레 자신을 갈고닦는 인격체로 클 것이다. 엄마가 자신의 삶을 충실히 살면 아이도 그러한 사람으로 클 터이다. 그래서 우리들의 모임은 아이가 아니라 엄마를 위한 것이다. "아이를 위해서가 아니라 우리를 위해서 이걸 배웁시다"라고 말한 적은 없지만 청양 엄마들은 신기하게도 같은 가치관을 갖고 있다. 여러 날 얼굴을 마주 보고, 혹은 채팅을 통해 이야기를 나누면서 자연스레 비슷한 방향을 보게 된 것 같다.

경계했던 세상에 친구가 한가득

엄마가 된 후, 세상을 바라보는 내 시각에 많은 변화가 있었다. 임신 초기, 세월호 참사가 일어나 이 나라에 대한 신뢰가 완전히 무너졌다. 아이를 낳은 지 얼마 안 되어서는 메르스가 퍼져 불안에 떨었다. 가습기 살균제 피해에 대해서도 알게 되었고, 마트에서 아이가 예쁘다며 접근해서는 상해를 입힌 뒤 소매치기를 한다는 등의 끔찍한 글만 눈에 들어왔다. 산후조리를 할 때는 도우미를 믿지 못해 아기를 안지도 못하게 했고, 백일이 될 때까지 집 앞에도 나가지 않았다. 외출을 시작한 후에도 아이에게 가까이 오는 사람이 있으면 뒷걸음질 치거나 아이를 숨기기 바빴다. 아이가 귀엽고 예뻐서 다가온 사람들은 무안하고 불쾌해하며 자리를 떴다. 가족들까지 우려할 정도로 나의 경계심은 강했다.

초보 엄마의 서툰 모성 때문이라고, 혹은 시절이 하수상하기 때문이라고 이해할 수도 있겠지만, 돌이켜보면 그 정도가 좀 심했다. 청양 모임을 시작하고 사람들과 자주 만나면서 이런 문제가 수면 위로 떠올랐다. 내 아이는 친구들이 조금만 가까이 오면 몸이 닿기도 전에 소리부터 빽 질렀다. 이제 막 엄마들과 친해져서 신이 나 있던 나는 난감하고 난처했다. 계속 모임에 나올 수 있을까 걱정도 되고, 아이의 정서에 문제가 있는 건 아닐까 고민도 되었다.

이를 지켜보던 한 엄마가 "혹시 경계심이 많은 편이냐"고 내게 물었다. 아이는 엄마의 감정을 고스란히 느끼기 때문에 영향을 받을 수 있다는 이야기였다. 뜨끔했다. 육아가 힘들어 큰 용기를 내어 모임에 나오기 시작했을 뿐, 사실 바깥 세상에 대해서는 아직도 엄청난 경계심을 품고 있었기 때문이다. 아이는 모방으로 배우니 엄마가 잘 살면 된다며 이것저것 찾아 읽고 배우면서도, 정작 나의 삶의 태도를 돌아보지 않았던 것이다.

이런 내 시각은 청양 모임을 통해 변해갔다. 일부러 바꾸려고 애를 쓴 건 아니다. 하루 이틀, 한 달 두 달 만나 친구들을 신뢰하고 의지하면서 이 세상엔 좋은 사람이 참 많다는 사실을 깨닫게 되었다. 혼자는 결코 살 수 없다는 것을, 함께하면 더욱 좋다는 것도 알게 되었다. 자연스레 모임 바깥에도 좋은 사람이 많이 있을 거라는 생각이 들면서 조금씩 마음을 열게 되었다. 집 앞에서 아이와 함께 있다가 이웃을 만나면 먼저 "안녕하세요"하고 인사했다. 그러자 아이도 손을 흔들거나 고개를 숙이는 등 나를 따라 이웃에게 인사를 건넸다. 말을 잘 하게 된 후로는 또박또박 "안녕하세요"라고 따라서 인사를 하기도 했다. 그러면 무표정하던 사람들도 웃으면서 아이에게 인사를 해주었다. 간혹 귀엽다고 아이를 쓰다듬거나 만지는 사람도 있었다. 내 아이를 따뜻하게 봐주는 이웃의 손길이라고 생각하니 이전처럼 염려스럽지 않았다.

아이에게 다른 아이가 다가오는 게 싫을 때는 무조건 소리부터 지르지 말고 "오지 마" 하고 말로 얘기하라고 가르쳤다. 아이가 "오지 마"라는 발음을 하게 되자 곧 소리를 지르는 일이 줄어들었고, 언젠가부터는 그 말조차 안 하게 되었다. 이제는 늘 만나던 친구가 감기에 걸려 모임에 안 나오면 찾을 만큼 친구들을 좋아한다. 단지 아이가 더 컸기 때문만은 아닐 것이다. 엄마랑 둘이서만 지냈다면 이렇게 달라지지는 못했을 것 같다. 모래 한 알만 손에 닿아도 기겁을 하던 아이가 친구들과 모래놀이터에 몇 번 다녀온 뒤로는 흙바닥에 눌러앉아 놀게 되었고, 엄마에게 딱 붙어 있던 아이가 정기적으로 모임에 나가고부터는 낯선 곳에서도 내 손을 놓고 세상을 탐색하게 되었다. 청양 모임이 아니었다면 이런 변화는 없었을 것이다.

이제 막 두 돌이 된, 어린이집도 다니지 않는 우리 아이가 읊어대는 친구들의 이름은 열다섯이 넘는다. 적으로 가득했던 세상에 친구가 들어선 것이다. 청양 모임은 나와 아이에게 친구를 선물했다. 세상은 살 만한 곳이고, 좋은 사람이 많다고 느끼는 것. 엄마가 아이에게 줄 수 있는 가장 좋은 환경이 아닐까?

멀지만 가까운 이웃

"센스요정의 둘째 순산을 기원합니다."

둘째 예정일이 얼마 남지 않은 청양 엄마를 위해 수채화 모임에서 순산 기원 그림을 그렸다. 각자 전하고픈 마음을 담아 그림을 그리고 손편지를 적어 선물했다. 센스요정은 우리들의 그림을 떠올리며 진통을 이겨냈다고 했다. 예쁜 둘째의 순산 소식을 청양 엄마들에게 전하면서 덧붙인 말이다.

오늘 저녁에도 다 같이 모여 살면서 같이 밥 해먹으면 얼마나 좋을까 하고 채팅방에서 이야기를 나누었다. 우린 아직도 공동육아 마을을 꿈꾼다. 그렇지만 지금 이대로도 괜찮다. 조금 멀어도 버스로, 기차로 오갈 수 있는 곳에 서로가 있다. 매일 만나지는 못해도 온라인으로 서로에게 힘이 되어줄 수 있고 아이들 크는 모습을 함께 지켜봐줄 수 있다. 누구네 아이가 열이 났는지, 누구네 아이가 장염인지, 우리끼리는 다 알고 있고 서로 걱정하고 기도해준다. 새로운 요리를 해먹었다고 하면 칭찬과 격려를 아끼지 않고, 남편과 다투었다고 하면 같이 흉을 봐주다가도 금세 화해를 권한다. 작아진 옷은 물려주고 큰 옷은 빌려주고 책도 돌려 읽는다.

우리에겐 멀리 살지만 늘 가까운 이웃이 생겼다. 온라인상에서 우리는 분명 '자출면 청양리' 마을을 이루고 있다. 온라인 마을 친구들은 추운 겨울 서로의 집을 오가며 봄이 오길 기다리고 있다. 꽃샘 추위가 한창이던 지난 2월, 우리는 짐을 싸들고 주말부부로 평일에 아이랑만 지내는 강원도 청양 엄마 집을 찾아갔다. 앞으로 충청도, 전라도, 경상도 번개 계획이 기다리고 있다. 날이 풀리면 운동장을 빌려 청양 가족 체육대회를 열자는 논의도 한창이다. 연말잔치 이후 지지를 넘어 적극적인 참여 의사를 내비치는 남편들이 많아진 덕분이다. 꽃이 피면 또 어떤 이야기들을 만들어갈지 나의 동지들, 친구들, 이웃들과의 봄이 더없이 기대된다.

도시에서도 아이들은 별처럼 빛난다

산별아 마을학교

방과후 교실의 새로운 모델로, 서울 동작 지역에서 근교 산과 동네 골목을 놀이터로 적극 활용하고 있다. '빌라빌라콜라'라는 이름으로 친구네 집 같은 방과후 공간을 꾸리고 있기도 하다. 예전에 아이들이 동네에서 어울려 놀던 방식을 최대한 살리고 있다.

오명화 · 최재훈

서울 사당동에서 동네 엄마들과 '산별아 마을학교'를 만들어 다양한 활동을 하고 있다. 가족과 공동체가 함께하는 일상이 놀이가 되도록 노력하고 있다.

-
-
-

최근 들어 지방교육청, 시도교육감회의, 지방자치단체로부터 강사나 토론자로 참여해달라는 요청을 종종 받는다. 대학교수도 유명 강사도 아닌 내게 이런 기회가 주어지는 것을 보면 우리 사회가 놀이를 이론이나 교육 프로그램이 아니라 '삶'으로 보기 시작한 증거라고 생각한다. 나는 이 접근에 깊이 동의하는데, 놀이란 원래 삶 속에 있던 것이지 교육을 통해 인위적으로 첨가되는 것이 아니기 때문이다.

하지만 여전히 본질에 대한 고민 없이 효율성이란 경제논리에 따라 놀이를 대량 생산할 수 있는 상품으로 오해하는 경우를 종종 본다. 그리고 그 욕망은 도도하게 작동한다. 그렇다. 나는 그 흐름을 욕망이란 단어 말고는 달리 표현할 길이 없다. 그런데 그 욕망은 반드시 허망한 결말과 마주하리라 믿는다. 왜냐하면 본질에 뿌리박지 않은 모든 것은 곧 다음 시류에 휩쓸려갈 수밖에 없기 때문이다.

얼마 전까지만 해도 나는 그 욕망의 탁류를 바라보며 좌절했다. 그런데 그 도도한 흐름에 최근 균열이 생기는 것 같다. 얼마 전 KBS에서 방영된 〈배움은 놀이다〉라는 프로그램, 자유학기제, 4차 산업혁명에 부합하는 미래 인재 육성에 대한 뜨거운 관심이 그것이다. 나는 이 시도들이 학습이 과열을 넘어 부조리가 되어버린 한국 사회에서 새로운 길을 찾는 어린이, 청소년, 학부모들에게 희망이 되길 간절히 바란다.

내가 생각하는 놀이란 단지 전래놀이, 보드게임, 놀이터와 같은 소프트웨어와 하드웨어의 문제가 아니다. 놀이는 '일상생활에서 내가 자유롭게 하는 모든 것이며, 내가 자유롭게 하지 않는 모든 것'이다. 그래서 놀이는 방법의 문제가 아니라 철학의 문제이며 인권의 문제이다.

이런 맥락에서, 지난 6년간 남편과 함께 아이들 곁에서 활동하며 겪었던 이야기를 하려고 한다. 그 이야기를 통해 놀이와 놀 권리에 대한 나의 이해가 어떻게 변화되었는지, 그 이해가 내 삶과 가정 그리고 마을과 학교 현장에 어떻게 확장되었는지, 그 과정에서 어떤 희로애락을 경험했는지 이야기하고자 한다.

이 글을 읽는 분들에게 당부 드리고 싶다. 단지 무슨 일을 했으며 무슨 성과를 거두었는가가 아니라, 어떤 '과정'을 겪었고 그 과정에서 어떤 '내적 동기'와 '가치관'과 '철학'을 지켜왔는가를 살펴주었으면 한다. 이 모든 여정은 남편과 사랑하는 딸 그리고 공동체가 함께했기 때문에 가능했다.

놀이는 숨구멍이에요

2015년 4월 25일 세종대 컨벤션홀에서 전국 시도교육감협의회가 주최한 어린이 놀이헌장 원탁회의가 열렸다. 놀이터에 관한 국회 발표를 앞둔 터라 어린이들의 생각을 청취할 목적으로 딸과 함께 참석했다. 너른 홀에는 200여 명의 어린이들이 모였고, 회의는 전자 장비를 이용해 소그룹에서 오고간 의견을 집계하는 역동적인 방식으로 진행되었다. 그런데 소그룹 진행자 몇 분이 불참하면서 내가 현장에서 발탁되어 엉겁결에 소그룹 활동에 참여했다.

'놀이란 무엇인가?'라는 첫 질문에 아이들은 자기 의견을 진지하게 설명했다. 똑똑해 보이는 한 남자아이가 말했다. "저는 하루에 30분도 제 시간이 없어요. 그래서 놀이는 제게 숨구멍이에요." 하루 중 깨어 있는 약 16시간, 960분 중에서 자유롭게 숨 쉴 수 있는 시간이 30분도 안 된다니, 가슴이 먹먹했다. 당시 초등 4학년이던 딸은 잠자기 전까지 자유시간을 충분히 갖고 있었다. 이런 자유로움에 대한 나의 관심의 시작은 2011년으로 거슬러 올라간다.

2011년 봄, 어린이집과 유치원을 다니지 않은 딸을 위해 미취학

자녀를 둔 아홉 가정이 모여 직장 근처에서 공동육아를 시작했다. 처음 한동안은 엄마들의 재능을 살려 품앗이 교육을 했는데, 그해 8월 한국숲유치원협회 하계 세미나에 참석하고 나서는 아무 프로그램 없이 근처 대모산에 올라가 놀기만 했다. 모임을 진행하며 이런 변화를 시도할 때면 현실과 이상 사이에서 서로의 가치관이 충돌하며 종종 힘겨운 조정 과정을 겪었다. 하지만 아홉 가정이 함께했던 일 년여의 시간은 그 힘겨움과는 비교할 수 없는 보석 같은 기쁨을 선사했다.

2012년 딸이 초등학교에 입학하면서 집 가까이 있는 공동체를 찾았다. 때마침 십 년간 활동하던 어린이책시민연대(이하 어시연) 동작지회에서 저학년 아이들을 위한 생태마당 운영을 제안했다. 그래서 어시연 소속 네 가정이 모여 매주 토요일 동작동 국립현충원 뒷산을 오르기 시작했다. 그렇게 산행과 이러저러한 체험활동을 하고 있는데 선배 한 분이 서울시 마을공동체 부모커뮤니티 사업을 신청해보라고 권유했다. 회원들 동의를 얻어 어시연 동작지회에 광고해 세 가정을 더 모집했다. 그렇게 일곱 가정이 '산별아'란 이름으로 2012년 8월부터 3년간 서울시 부모커뮤니티 사업에 선정되어 다양한 활동을 진행했다. 모임 이름은 아이들이 지었는데 '산에 가면 별처럼 빛나는 아이들이 있다'의 줄임말이다.

주요 활동을 소개하면, 먼저 월 1회 회원 집을 돌며 책 토론회를 가졌다. 그리고 매월 둘째 주 토요일에는 가까운 산을 올랐다. 매주 화요일 동네에서 전래놀이터도 운영했다. 방학에는 가족캠프와 체험활동을 했다. 그 밖에 2013년과 2015년에는 동네 놀이터에서 마을축제를 열었고, 2014년 가을에는 서울그린트러스트와 유한킴벌리 후원으로 쓰레기장이 된 마을 뒷산 일부를 일구어 '까치산 비밀의 정원'이란 도시형 텃밭을 만들었다. 이곳은 산별아 텃밭 놀이터라고 부른다.

2015년도 모임에는 크고 작은 변화가 있었다. 구심점이었던 두 가정이 남편 직장 때문에 지방으로 이사를 가면서 책 토론회는 어시연 책모임으로 대체되었고, 한 달에 한 번 가던 산행은 매주 목요일 동네 뒷산을 오르는 생태놀이터로 바뀌어 운영되다가 메르스 사태 이후 종료되었다. 방학에 떠나는 가족캠프와 체험활동은 2016년 가을까지 두 번 진행되었고, 매주 화요일 오후 4시부터 진행되는 전래놀이터는 꾸준히 하고 있다. 자! 산별아 전래놀이터 속으로 한걸음 더 들어가보기로 하자.

산별아 전래놀이터의 시작

처음에는 사적인 부모 모임에 서울시가 장학금을 주는 것 같아 기분이 좋았다. 하지만 시간이 흐를수록 지원금은 부담감으로 바뀌었다. "이 돈을 우리만을 위해 써도 될까? 뭔가 공익적인 일을 해야 하지 않을까?" "그래 맞아!" "그럼 일주일에 한 번 놀이터에서 동네 아이들과 같이 놀자!" "그거 괜찮네. 우리가 어렸을 때 하던 놀이를 가르쳐주자!" 이렇게 즉흥적으로 2012년 9월부터 전래놀이터를 시작했다.

놀이터는 이웃과 관계를 맺기 위해 매주 한곳을 정해 지속적으로 가기로 했다. 장소는 남편과 딸이 4살 때부터 놀아온 곳으로 정했다. 놀이터 방문이 일상생활이 된 두 사람이 언제나 그 자리를 지켜줄 것이라 믿었기 때문이다. 솔직히 말해 전래놀이터를 시작하기 전까지 나는 동네 놀이터를 가본 적이 없다. 남편은 늘 같이 가자고 했지만 직장을 중심으로 관계를 형성해온 터라 동네 사람들을 만나기가 솔직히 부담스러웠다. 잠시 남편을 소개하면, 미국에서 상담을 공부하고 상담실에서 일하다가 돌연 사표를 쓰고 2001년 영국 브루더호프 공동체를 함께 방문했다. 그리고 2005년에는 충남 홍성 풀무학교를 거쳐 지역에 귀농했고, 딸아이가 태어나자 자발적인 육아휴식을 하며 1차 전업주부 생활을 했다. 이후 복직했다가 2012년 건강 때문에 휴직을 하고 지금까지 전업주부 역할을 야무지게 하고 있다. 남편은 놀이터를 비롯해서 산별아 활동에 깊이 관여하며 모든 여정을 함께하고 있다.

초기에는 많은 회원들이 참여했다. 뭔가 되는 것 같았고 보람도 느꼈다. 그러나 시간이 흐를수록 참여율은 떨어졌고 기운도 빠지기 시작했다. 결국 지속적으로 놀이터에 오는 회원은 놀이터 근처에 사는 사람들뿐이었다. 놀이터 주변에 사는 우리 가정을 포함한 세 가정은 휴가 기간을 조정하며 놀이터를 번갈아 지켰다. 그러면서 깨달았다. "정말 마음 맞는 세 사람만 있으면 되는구나!" 그리

"저는 하루에 30분도 제 시간이 없어요.
그래서 놀이는 제게 숨구멍이에요."

고 "일이 지속되려면 일단 가까이 살아야겠구나!" 2012년 당시 산별아는 어시연에서 시작했기 때문에 회원들이 사당동, 상도동, 대방동, 남현동 등지에 흩어져 있었다. 나중에 먼 거리에 사는 두 가정은 자기 집 근처 놀이터에서 비슷한 모임을 꾸렸다.

어쨌든 매주 화요일 오후 4시면 비가 오나 눈이 오나 놀이터에 간다. 단, 미세먼지가 심한 날은 제외다. 놀이터에 갈 때면 바퀴 달린 가방에 단체 줄넘기, 나무로 만든 비석, 바둑알, 딱지, 실뜨기 실, 산가지, 분필, 제기, 고무줄 등 놀잇감을 넣어간다. 귀찮거나 날씨가 좋지 않으면 가방을 집에 두고 가기도 한다.

놀이터에 도착하면 의자 위에 놀잇감을 늘어놓는다. 누구나 자유롭게 필요한 놀잇감을 가져가 놀고, 놀고 나면 제자리에 갖다 놓는다. 놀이터에는 놀이를 가르쳐주는 선생님이 없다. 아이들이나 어른 누구나 알고 있는 놀이를 제안하고 원하는 사람끼리 논다. 2012년부터 우리는 고무줄, 묵찌빠, 공기놀이, 실뜨기, 단체 줄넘기, 비석치기, 줄다리기, 림보, 땅따먹기, 사방치기, 달팽이 놀이, 제기차기, 술래잡기 등을 하며 신나게 놀았다. 비 오는 날에는 비옷을 입고 미끄럼틀을 탔고, 눈 오는 날에는 정자에 비닐을 치고 몸을 녹여가며 눈썰매도 타고 눈싸움도 하고 이글루도 만들었다.

전래놀이터를 중점 사업으로 삼았던 2013년도에는 전래놀이 강사를 초청해 놀이를 배운 적이 있었다. 하지만 그렇게 배운 놀이 대부분은 놀이터에서 살아남지 못했다. 얼마 전까지 나는 놀이터에 가는 것이 많이 부담스러웠다. 스마트폰만 들여다보는 어린이들을 보며 혹시 노는 능력을 상실한 것은 아닌지 의구심이 들었기 때문이다. 그러던 중 2014년 5월 서울시 마을공동체 종합지원센터 행사에 사례 발표자로 참여했다가 독일의 놀이터 디자이너 귄터 벨치히 씨를 만났다. 그와의 만남은 큰 행운이었다. 귄터는 말했다. "놀이터에는 어른이 없어야 합니다." 나는 충격을 받았다. '어른이 없어야 한다고? 그럼 내가 그동안 잘못했단 말인가?' 귄터는 또 말했다. "놀이란 인간이 환경에 적응하는 모든 행위입니다. 아이들은 자신만의 규칙과 질서를 가지고 그 과정에서 모든 가능성에 도전해보아야 합니다. 그러나 어른들은 안전을 이유로 놀이, 즉 도전을 방해합니다. 어떤 놀이가 위험한지는 어린이들 스스로 판단해야 합니다."

그리고 두 달 뒤에는 한국을 찾아온 『길들여지는 아이들』의 저자 크리스 메르코글리아노의 강연을 들었다. 크리스는 세월호와 미국 무역센터에서 벌어진 사건을 예로 들며 '내면의 힘의 중요성'을 강조했다. 그의 강연을 들으며 귄터의 말이 새롭게 이해되었다. '어린이들은 놀이를 통해 크리스가 말한 그 내면의 힘을 기르는구나! 놀이를 가르치고 놀이터에서 위험을 제거하는 것은 어린이의 내면의 힘을 믿지 않는다는 뜻이구나! 그래! 더 이상 놀이터에서 어른 노릇을 하지 말자. 존 버닝햄의 『검피 아저씨의 뱃놀이』에 나오는 검피 아저씨처럼 아이와 함께 아이처럼 놀자. 이렇게 마음을 고쳐먹자 놀이터는 놀고 쉬고 사람을 만나는 '지붕 없는 동네 사랑방'이 되었다.

새로운 시도, 생태놀이터

그렇게 동네 놀이터에서 놀다 보니 놀이터가 답답하게 느껴졌다. 동네 놀이터는 어떠한 변형도 할 수 없는 고정된 공간이기 때문이었다. 그래서 자유롭게 변형하며 마음껏 놀 수 있는 공간을 찾아 2014년 3월부터 생태놀이터를 시작했다.

생태놀이터라고 해서 특별할 것은 없다. 매주 목요일 오후 4시경 동네 아이들 대여섯 명과 동네 뒷산을 올랐다. 나지막해서 누구나 쉽게 오를 수 있는 산이다. 정상 못 미쳐 조금 너른 공간이 있는데, 우리는 그곳을 '까치산 아지트'라고 불렀다. 처음 이곳에 온 아이들은 심심해했다. 하지만 '조금 기다리면' 쉽게 놀잇감을 찾아냈다. 아이들은 땅을 파거나 긴 나뭇가지로 집을 지었다. 또 이야기를 만들어 연극하듯 역할놀이를 했다. 그 모습을 보며 아이들의 상상력과 진지함에 놀랐다. 아이들은 산을 오르는 길에서도 놀았다. 작은 골짜기 사이에 쓰러진 나무를 타고 건너기도 하고, 쌓여 있는 나뭇잎으로 침대를 만들어 눕기도 했다. 어느 날에는 올라가는 길에서 놀다가 아지트는 구경도 못하고 내려온 적도 있었다. 남편은 사다리를 가져와 아이들과 함께 높은 나뭇가지에 외줄 그네를 매어주었다. 외줄 그네는 두 줄 그네와는 전혀 다른 재미가 있다.

산을 오를 때 아이들은 가파른 산길을 경쟁하듯 뛰어 올라갔다. 겨울 산을 오를 때는 앙상한 가지 사이로 숲 속이 훤히 보이는데, 닦여 있는 편한 길을 마다하고 새로운 길을 개척해가며 올랐다. 그렇게 산을 올라가 아지트에서 마음껏 놀고 나면 아이들은 조용히 줄을 맞춰 산을 내려왔다. 누가 시키지 않아도 그렇게 했다. 이 장면을 보며 나는 깨달았다. '질서란 충분히 논 아이들 마음에 평화가 깃들면 자연스럽게 표현되는 것이구나!' 외부의 강요나 규칙이 만든 질서는 외부의 힘이 작용하지 않으면 순식간에 사라진다. 그러나 충분히 논 후 마음에 찾아 온 평화, 즉 '내면의 힘으로 만들어진 질서'는 외부 힘에 흔들리지 않는다.

처음에는 산별아 회원들도 생태놀이터에 함께했지만 나중에는 우리 부부만 남았다. 평일 오후 자녀들의 바쁜 일정 때문에 산에 오르기가 쉽지 않았을 것이다. 이렇게 회원들의 참여가 저조해지며 아쉬움을 느낄 무렵, 놀이터 디자이너 편해문 선생님을 만났다. 그분과의 교제를 통해 우리 부부는 어린이와 놀이와 놀이터의 의미를 더 깊이 이해했고 격려를 얻었다.

산별아 실내놀이터, 빌라빌라콜라

어린 시절 우리가 놀던 놀이터는 동네 골목, 뒷산, 친구 집, 학교 운동장이었다. 즉 일상이 펼쳐지는 '삶' 전부가 놀이터였다. 그리고 놀이란 귄터가 지적했듯이 '환경에 적응하는 모든 행위', 즉 일상의 모든 행위였다. 다시 말해 '일상생활'이었다. 그리고 이 일상생활 속에는 부모나 이웃처럼 가까운 '어른들'이 있었다.

그러나 부모의 삶에서 가정과 일터가 분리되면서 부모와 이웃 같은 어른들도 아이들의 일상에서 사라졌다. 과거에는 아이들과 어른들의 삶이 어느 정도 깊이 연결되어 있었다. 그래서 놀이의 중요한 요소는 어른들의 삶을 모방하는 것이었다. 하지만 지금의 아이들은 그럴 기회가 구조적으로 차단되었다. 이처럼 우리 사회는 삶이라는 드넓은 놀이터와 일상생활이라는 무한한 놀이를 아이들에게서 빼앗아버리고, 그 미안함을 보상하기 위해 값비싼 놀이기구로 채운 놀이터를 선물하는 것은 아닐까? 마치 먼 여행에서 돌아온 부모가 '자신의 미안함'을 달래기 위해 자녀 가슴에 사랑이 아니라 선물을 안기듯 말이다. 사실 이 선물의 효용가치는 자녀가 아니라 부모에게 있다.

물론 이런 현실이 어쩔 수 없다고 말하는 사람도 있다. 그러나 그런 생각은 아이들의 삶을 이해하지 못한 어른들의 착각일 뿐이다. 왜냐하면 지금도 아이들은 자동차가 점령해버린 골목에서, 야생성이 살아 있는 동네 뒷산을 대신해 컴퓨터 게임 속에서, 부모가 일하러 나간 빈집과 학교 운동장에서 놀고 있기 때문이다. 그 속에서 아이들은 지금의 일상에 가득 차 있는 것들을 보고 느끼며 적응한다. 다시 말해 논다. 과연 그곳은 무엇으로 가득 차 있을까? 경쟁과 소비와 고립.

오랜 기간 놀이터 한곳을 꾸준히 가다 보니 자연스럽게 눈에 들어오는 것이 있었다. 해가 거듭될수록 놀이터에 오는 아이들의 연령이 낮아졌다. 오는 시간도 점점 늦어졌다. 어느 날 놀이터에서 사라진 아이들을 동네에서 마주치면 아이들은 영혼 없는 지친 얼굴로 어디론가 바쁘게 달려가고 있었다. 또 함께 있으면 아이들은 끊임없이 묻는다. "아줌마, 몇 시예요? 20분 뒤에 알려주세요." "왜?" "학원 가야 해요." 학원과 공부로 조각난 삶 속에서 시간에 쫓기며 근근이 숨구멍을 찾는 아이들의 모습은 애처롭다.

그런 아이들을 지켜보며 나는 전래놀이터와 생태놀이터로는 도저히 채울 수 없는 무엇이 있다는 것을 깨달았다. 앞에서도 말했듯이 놀이터란 우리의 삶, 즉 일상이며 놀이란 우리의 일상생활인데, 요즘 아이들에게는 그것이 사라져버렸다. 그래서 고민 끝에 우리집 1층에 '빌라빌라콜라'라는 과거에 친구 집 역할을 하는 일종의 실내놀이터를 만들었다. '빌라빌라콜라'란 린드그렌의 동화『내 이름은 삐삐 롱스타킹』의 주인공 삐삐가 사는 집 이름이다.

딸이 초등학교에 들어간 뒤 우리 집에는 거의 매일같이 친구들이 놀러왔다. 남편은 아이들을 위해 간식을 만들어주고 필요한 놀잇감을 제공했다. 일주일에 한두 아이는 저녁을 먹고 가기도 했다. 그렇게 딸 친구들은 우리 가족의 일상에 머물렀고, 우리 가족과 일상생활을 공유했다. 아마도 그랬기 때문에 6년이란 긴 시간을 지속할 수 있었던 것 같다. 다음은 2015년 어느 여름날 빌라빌라콜라의 모습을 적어놓은 글이다.

자전거를 배우고 싶다던 친구에서 자전거를 가르쳐주다가 힘이 들어 잠시 쉬려고 바닥에 앉았는데, 아이들이 제대로 쉬겠다며 길에 돗자리를 깔고 누웠다. 우산 세 개로 자신들을 가리겠다고 하기에 집에 있는 우산을 다 꺼내 주었다. 예전에는 어느 집 앞이나 다 이랬는데 요즘엔 길에서 노는 아이들이 별로 없다. 아이들이 뛰어놀고 마을 사람들과 소통하던 길거리는 차에게 점령당해 이동하는 공간으로 전락했다.

요즘엔 아인이가 빌라빌라콜라보다 집 앞 길에서 노는 시간이 많아졌다.
엄마: 아인이가 요즘엔 길에서 더 많이 노네. 길이 더 시원하지? 빌라빌라콜라는 좁고….
아인: 아니. 길에선 뛰어다닐 수 있잖아. 빌라빌라콜라는 쉬는 곳이고….

집 앞에서 분필로 그림도 그리고 자전거와 보드도 타고 잡기 놀이도 하고 돗자리 깔고 놀고먹고 눕고…. 난 지난 4년간 동네 놀이터를 유심히 보던 마음으로 동네 길을 다시 보고 있다. '산별아 길거리 놀이터'. 길에서 노는 아이들을 지켜보면 동네 사람들이 보인다. 그들은 아이들을 쳐다보기도 하고 이런저런 말을 걸어오기도 하고 간식을 건네주기도 하고 욕을 하기도 한다.

놀이터가 내게 지붕 없는 마을공동체 사랑방이 되어주었듯이, 거리가 내게 진정한 마을주민이 되라 말을 건다. 집 안에만 갇혀 있지 말고 더불어 사는 이웃을 인식하고 만나라고…. 내 마을살이는 또 다른 단계로 넘어가는 듯하다. 그 길은 늘 아이들이 먼저 안내해준다. 난 그들의 뒤를 따를 뿐이다.

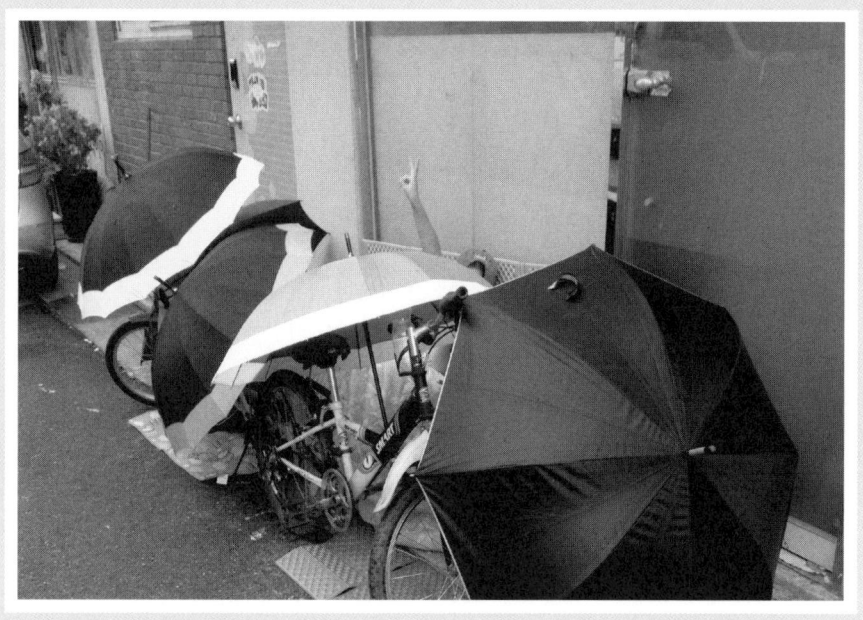

골목에서 아이들이 우산 텐트촌을 만들어
놀고 있다. 놀이터가 내게 지붕 없는 마을공동체
사랑방이 되어주었듯이, 거리가 내게 진정한
마을주민이 되라 말을 건다. 집 안에만 갇혀 있지
말고 더불어 사는 이웃을 인식하고 만나라고….

아마노 히데아키와의 만남

산별아를 중심으로 한 놀이 활동이 경력이 되어, 편해문 선생님 추천으로 2015년에 순천 기적의 놀이터 조성을 위한 주민참여 프로그램에 참여했다. 그리고 2016년 기적의 놀이터가 조성된 후에 열린 '순천 어린이 놀이터 국제 심포지엄'을 간접적으로나마 도왔다. 다음은 심포지엄에 연사로 초청된 일본 모험놀이터 협회 이사 아마노 히데아키를 만나고 나서 남편이 쓴 글이다.

오전에 독일에서 온 귄터 선생님과 편해문 선생님을 KTX에 태워 보내고, 오후에 다시 인천공항으로 왔다. 도착 예정 시간보다 30분 일찍 도착해 출구에서 기다리는데, 나올 시간이 지났건만 아마노는 나타나지 않았다. 심포지엄 소개 사진을 보고 게이트 안쪽에서 말총머리를 한 사람을 연신 찾았다. 그런데 한참 후에 생각지도 못한 방향에서 키 작은 사람이 나타나 내 팔을 잡았다. 이름이 적힌 종이와 자신을 번갈아 가리키며 나와 눈을 맞췄다. '이 사람이구나!'

아마노는 영어도 한국어도 할 줄 몰랐기 때문에 우리는 스마트폰 구글 번역기를 이용해서 대화를 나눴다. 이야기를 나누다가 나는 이런 질문을 했다. "왜 놀이터를 만드셨습니까?" "저와 아내는 제 딸을 위해 놀이터를 만들었습니다." 그 말을 듣는 순간 가슴이 쿵쾅거렸다. 아니! 나하고 똑같은 이유를 가진 사람이 있네! "저도 딸아이와 놀이터에서 놀고 있습니다. 저도 딸을 위해 그렇게 하고 있습니다." 처음 만났지만, 아주 오랜 친구처럼 느껴졌다. 언제부터 이 일을 했냐고 묻자, 90년대 후반에 시작해서 약 35년이 되었다고 했다. 아내는 6년째로 접어들었고, 나는 딸아이와 4살 때부터 놀이터에서 갔으니까 8년째가 되었다. 그런데 35년이라니···. 한 시간 남짓 달려 용산역에 도착했다. 주차장에 차를 세우고 시계를 보니 아직 2시간이 남았다. 저녁 식사를 하러 백화점 식당가로 내려갔다. 칼국수 집에 들어가 주문을 하고 미처 하지 못한 이야기를 구글 번역기에 적어 보여주었다. "사람들은 놀이를 하는 이유를 아주 거창하게 말합니다. 어린이를 위해, 놀 권리를 위해서라고···. 그러나 당신은 딸을 위해서라는 아주 개인적인 이유를 말했습니다. 저는 당신 생각에 깊이 동의합니다. 그 이유이기 때문에 당신이 35년 동안 놀이터를 지킬 수 있었다고 생각합니다." 아마노는 나를 빤히 쳐다보다가 가방에서 컴퓨터를 꺼내 자신이 운영하는 놀이터 사진을 보여주었다.

아마노의 사진은 아주 인상 깊었다. 대나무로 수로를 만들어 국수를 흘려보내 밑에서 받아먹는 모습, 청소년들이 놀이터에서 악기를 연주하는 모습, 손수레에 놀이 도구를 싣고 놀이터를 돌아다니는 모습, 저녁 무렵 마이크 시설을 해놓고 공연하는 모습 등. 공연 사진을 보며 물었다. "이웃 주민들이 시끄럽다고 불평하지 않나요?" 35년을 해왔고 모험놀이터 협회도 있으니 이런 문제를 해결할 나름의 노하우가 있을 것이라고 예상했다. 그러나 내 예상은 빗나갔다. 아마노는 두 손을 모으고 비는 시늉을 했다. '그렇구나! 저 사람은 35년을 빌었구나! 협회도 있고 정부에서 월급도 받고 있으니까 뭔가 다를 줄 알았는데···. 우리와 똑같은 상황을 35년째 견디고 있구나!' 그러면서 모험놀이터 협회의 성격을 짐작할 수 있었다. '어느 정도 궤도에 올라 편안하게 운영되는 단체가 아니라 지금도 뜻을 위해 서로를 격려하며 어려움을 함께 겪어내는 일종의 공동체구나!'

아마노의 모험놀이터는 탁아시설도, 위탁시설도, 교육시설도, 놀이시설도 아니었다. 그곳은 불을 피우고, 음식을 만들어 먹고, 땅을 파고, 집을 짓는 등 우리가 잃어버린 삶의 기술과 지혜를 나누고 전수하는 일상생활이었다. 아마노가 들려준 놀이터의 시작을 보면 내 말을 이해할 수 있다. 아마노와 네 가정은 "자! 우리 지금부터 모험놀이터를 만들자!"라고 시작하지 않았다. 그들은 놀이 운동을 하지도, 어떤 심오한 철학을 확산시키기 위해 노력하지도 않았다. 그저 못질, 톱질, 불 피우기, 음식 만들기, 땅파기 등 자녀들과 함께하고 싶은 일들을 마음껏 했을 뿐이다. 그런데 그 일들은 무엇인가? 바로 인간다운 삶을 살기 위해 무한 반복해야 하는 일상생활의 모습이다. 그렇기 때문에 그는 35년이란 긴 시간 동안 그 일을 끊이지 않고 할 수 있었다고 생각한다.

그러던 어느 날 누군가 그 모습을 보고 모험놀이터, 대안놀이터, 적정놀이터, 위험한 놀이터, 재활용 놀이터라고 이름 붙였을 것이다. 그러나 아마노의 놀이터를 어떤 이름으로 규정하는 순간, 그 사람은 아마노가 한 일을 이해할 수 없다. 왜냐하면 그 단어 안에 아마노가 했던 모든 것을 담을 수는 없을 테니까.

아마노를 만나고 깨달았다. 그는 새로운 놀이터를 만든 것이 아니라 자신의 삶을 충실히 살았을 뿐임을. 그는 아빠의 삶, 부모의 삶, 남편의 삶, 이웃의 삶을 충실히 살고 있다. 35년째…. 그뿐이다. 그러나 사람들은 그를 모험놀이터 운영자라는 안경을 쓰고 본다. 안경은 내 몸과 분리되어 있듯이, 놀이터 역시 내 삶과 분리되어 있다. 그것은 일상이 아니다. 일상이라는 삶은 놀이터라는 단어에 우겨넣을 수 없을 만큼 크고 넓다. 어떻게 35년 인생을 하나의 단어로 정의할 수 있단 말인가! 그것이 가능한 일일까? 나는 그럴 수도 없고 그러고 싶지도 않다.

함께 있는 동안, 그는 가르치지도 훈계하지도 비전을 제시하지도 않았다. 그저 자신의 삶을 열어 보여주었다. 아마노는 250만원 월급으로 한 달을 산다고 했다(그가 사는 도쿄는 서울보다 물가가 훨씬 높은 것으로 안다). 그에게 돈과 명예는 없어 보였지만 삶은 충만해 보였다. 그와의 만남은 그의 삶을 넘어 나 자신의 삶을 보게 했다. 아마노를 만난 후 나는 그동안 내가 지켜온 확신을 더욱 굳게 잡을 수 있었다. 내 삶을 더욱 충실히 살자. 그럴 때 어느 날 누군가 그 모습을 보고, 아마노에게 모험놀이터란 이름을 붙여줬듯이 내 삶에도 다른 이름을 붙여주지 않을까?

서울 남사초등학교 놀이동아리

지난 수년간 마을공동체를 통해 육아와 교육의 대안을 찾으려고 노력했다. 하지만 열심 있는 회원들이 지방으로 이사 가고 산별아 모임을 소비하려고만 하는 사람들을 보면서 나는 실망감에 사로잡혔다. 그러던 중, 2016년 2월 딸아이가 다니는 초등학교로부터 서울시교육청과 동작구가 지원하는 마을결합형 교육과정사업에 참여해달라는 제안을 받았다. 나는 남편과 함께 여러 프로그램을 기획했다. 남편은 2016년 한 해 동안 학교 정식 수업인 CA시간에 들어가 놀이동아리를 운영했다. 동아리 활동의 내용은 세계 어린이들이 즐기는 다양한 놀이를 지역 다문화 기관, 다문화 주민, 학교 인근 대학의 외국인 학생 등을 초대해서 그 나라 말로 배우고 즐기는 것이었다.

　남편은 초등학교 인근 다문화 기관과 대학 국제협력본부에 일일이 전화를 걸고 국문과 영문으로 공문을 보내 외국인 자원봉사 학생들을 모집했다. 중국과 태국 학생 두 명이 자원봉사자로 지원했다. 이 모임을 지켜보며 나는 두 가지 사실에 놀랐다. 첫째, 언어는 놀이에 전혀 장벽이 되지 않는다는 것이다. 둘째, 각 나라의 놀이가 너무나 비슷하다는 것이다. 이렇게 놀이는 언어와 문화라는 장벽을 너무 쉽게 그리고 자연스럽게 뛰어넘는 훌륭한 도구였다. 동아리가 끝나갈 무렵, 놀이동아리가 유니세프로부터 어린이 놀 권리 지킴이 우수 사례로 선정되었다는 기쁜 소식을 들었다.

다문화 가정 학부모 동아리

　남편과 '세계어린이와 놀자' 동아리를 준비하며 교내 다문화 가정을 동아리에 초대하고 싶었다. 방법을 찾다가 우연히 지역 다문화지원센터를 발견하고 자문을 구하러 남편과 함께 방문했다. 센터장과 만나 이야기를 나누며 다문화 가정의 어려움을 알게 되었다. 그리고 얼마 뒤 학부모조례에 따라 새롭게 구성된 학부모회에서 앞서 언급한 마을결합형 교육과정사업을 소개할 기회가 있었다. 사업 소개를 한 뒤 이런 정보가 교내 다문화 가정들에게도 전달이 되는지 알아봤다. 안타깝게도 그렇지 못했다. 남편은 교육청에 전화를 걸어 외국어로 번역된 학부모회 조례가 있는지 문의했다. 물론 그런 자료는 없었다. 어떻게 해야 하나 고민하고 있는데 학교에서 연락이 왔다. 지역 교육청에서 학부모 동아리 지원 사업을 한다는 것이었다. 나는 깜짝 놀랐다. 뜻이 있는 곳에 길이 있다고, 그렇게 2016년 4월 서울 남사초등학교에 다문화 가정 학부모 동아리를 만들었다.

  동아리 모집 공고는 지역 다문화지원센터 도움을 받아 다섯 개 언어로 번역해서 가정통신문으로 학교를 통해 배포했다. 가정통신문을 보고 외국인 어머니 다섯 명이 지원했다. 모임 운영 방법은 한 달에 한 번 자녀들과 함께 자기 나라에서 어릴 적 놀았던 놀이를 함께 하는 것이다. 첫 모임에는 베트남과 중국에서 온 어머니 다섯 명과 자녀들 그리고 한국인 부모님들이 모여 고무줄놀이를 하며 놀았다. 문화는 달라도 놀이 방법이 비슷해서 신기했다. 10월에는 동아리 주최로 학교 다문화 가정 축제를 열었는데 교내 학생들과 부모님들을 초대해서 다양한 행사를 가졌다. 예를 들어, 한국 동요를 베트남어와 중국어로 번역해서 불러보았고, 베트남 음식과 중국 음식을 만들어 나눠 먹었다. 또 그동안 갈고닦은 고무줄놀이도 함께 했다. 이렇게 서로 어울려 놀다 보니 마음이 열리면서 학교생활에서 겪었던 힘겨운 일들을 자연스럽게 나눴다. 이 또한 기대하지 않았던 큰 보람이며 소중한 추억이었다.

아무거나 프로젝트: 해적탐험대

　아무거나 프로젝트는 동작구청 교육문화과가 주관하는 것으로 공익적인 성격을 띠고 있으면 어린이와 청소년들이 기획하는, 말 그대로 무슨 일이든 예산과 운영을 지원해주는 사업이다. 초등학교 5학년인 딸은 친구 여섯 명과 해적탐험대란 동아리를 만들어 2016년도 사업에 신청해서 150만원의 사업비를 받았다. 해적탐험대는 두 가지 일을 했는데, 첫째는 동작구 관내 모든 놀이터를 탐방하고 어린이 눈높이에서 놀이터 평가보고서를 작성해서 관계 기관에 전달하는 것이다. 둘째는 충남 홍성 풀무학교전공부에 속한 씨앗도서관에서 토종 씨앗을 구입해 씨앗 폭탄을 만들어 동네 버려진 화단이나 공터에 던지는 것이다. 다음은 사업을 마치고 제출한 결과보고서의 일부이다.

　여섯 명의 에너지 넘치는 어린이들과 충남 홍성과 동작구 관내 20여 개 놀이터를 방문하는 일은 쉽지 않은 도전이었다. 하지만 '아무거나 프로젝트' 취지에 맞게 어린이들 스스로 프로그램을 기획하고 진행했다. 물론 어린이 역량으로 해결할 수 없는 일들은 멘토가 도움을 주었다. 주입식 교육에 익숙한 국내 현실에도 불구하고, 어린이들은 기회와 조건만 주어지면 내면에 숨겨진 야성을 발현하여 궁금증과 호기심을 해소하기 위해 적극적으로 참여했다. 그 모습을 지켜보는 것만으로도 즐겁고 의미 있는 경험이었다.

구입해온 씨앗으로 씨앗 폭탄을 만들고 동네에 뿌리는 작업은 4개월에 걸쳐 마무리되었다. 물론 모든 어린이들이 참여하지는 못했지만, 뜻을 세우고 그것을 이루는 과정을 온전히 마무리 짓는 일은 그 무엇과도 바꿀 수 없는 소중한 경험이었다. 그 과정에서 새로운 사람, 새로운 환경을 만나고 사귀고 적응하는 경험 또한 OECD가 말하는 DeSeCo 프로젝트에 걸맞은 일이었다.

놀이터 탐방은 예상보다 긴 시간이 소요되었다. 막판에는 자가용을 타고 하루에 어린이공원 여러 곳을 도는 강행군을 했다. 놀이터를 돌아보고 나서 어린이들은 놀이터를 다음과 같이 한마디로 평가했다. '동작구 놀이터는 Ctrl C, Ctrl V다.' 이런 평가는 단지 동작구에만 국한된 것은 아닐 것이다. 동네마다 사는 사람도 다르고 환경도 다른데, 어떻게 모든 놀이터가 똑같은 모습일까?

놀이터를 방문하며 어린이들은 누가 가르쳐주지 않아도 스스로 질문을 던지고 답하며 깨달았다. 계획대로 우리는 80쪽 분량의 보고서를 만들어 동작구청 공원녹지과와 서울시 푸른도시국에 전달했다. 어린이들이 진정으로 원하는 놀이터가 무엇인지 어린이 시각에서 정리된 의미 있는 보고서였다.

산별아 글쓰기학교

몇 해 전 일이다. 산별아 회원들이 모여 그간의 활동을 평가하는 시간을 가졌다. 그동안 여러 활동을 하며 즐거운 시간을 보낸 것도 사실이지만, 사람들의 가치관과 삶이 얼마나 바뀌었는지에 대해서는 자신할 수 없었다. 그런데 평가회를 통해 한 가지 중요한 사실을 발견했다. 처음 만난 사람들 중에 우리 부부가 지향하는 삶을 이미 살고 있는 분들이 있었다. 그분들의 공통점은 우리를 만나기 전부터 자신의 삶을 성찰하고 스스로의 힘으로 새로운 길을 찾아 걸어왔다는 것이다. 그분들을 보며 깨달았다. 자기 성찰과 가치관의 변화는 자발적인 선택으로 오랜 시간에 걸쳐 삶에 농축된 결과이지, 단기간에 가르칠 수 있는 것이 아님을.

산별아 글쓰기학교는 이런 평가를 바탕으로 만들어졌다. 현대인의 삶은 자립에서 소비로, 고유함에서 표준화로, 공동체에서 고립으로 변질되었다. 그 과정에서 일상생활은 사라지고 인간다움을 상실했다. 그러므로 참된 삶은 이런 현실을 성찰하고 깨우쳐 아는 것에서 시작한다. 그리고 '자립'과 '고유함'과 '공동체'의 가치를 회복하기 위해서 삶의 도전과 끊임없이 마주서야 한다. 그럴 때 우리는 '일상'을 지키고 '인간다움'을 회복할 수 있다. 이것이 최근 우리 부부가 정리한 삶의 목표인데, 이는 산별아 글쓰기학교가 추구하는 목표이기도 하다.

글쓰기학교는 다음과 같이 진행된다. 첫째, 한곳을 정해 매주 정기적으로 어린이들이 노는 모습을 관찰한다. 둘째, 관찰을 통해 어린이와 어린이의 삶을 이해한다. 셋째, 관찰하고 이해한 내용을 바탕으로 부모와 부모의 삶을 성찰한다. 넷째, 성찰한 내용을 글로 쓰고 매주 모여 함께 나눈다. 다섯째, 글을 모아 책으로 묶어 이웃과 공유한다. 여섯째, 자녀와 함께 놀이 여행을 떠난다.

자신을 돌아보는 것은 글쓰기만큼이나 부담스럽고 낯선 작업이다. 그래서인지 의욕적으로 신청서를 냈다가 첫 모임에 오지도 못하고 포기한 엄마도 있었다. 반대로 부담 없이 와보라는 권유에 이끌려 왔다가 다른 엄마들이 쓴 진솔한 글에 감동해서 글을 쓰기 시작한 엄마도 있었다. 이 여정에서 만난 엄마들의 관심과 목적은 각양각색이었다. 놀이 방법과 육아 정보를 공유하고 싶어서, 내 이름이 찍힌 책을 내고 싶어서, 자신의 놀이 본능을 일깨우고 싶어서, 놀지 못하고 학습노동에 시달리는 자녀의 삶이 안타까워서 등등. 그 동기가 무엇이든 한결같은 고백은, 똑같아 보이던 일상이 자세히 들여다보니 달리 보이고 깨달음을 주더라는 것이다. 이렇게 모임을 통해 나온 글들을 묶어 2015년부터 매해 책을 만들었다. 이 책들은 오롯이 부모로서 자신을 돌아본 결과물이다.

놀이란 인간의 존엄함을 확인하는 것

산별아 마을학교는 해를 거듭할수록 변화하고 있다. 이 변화는 우리 부부가 살아온 삶의 여정이기도 하다. 산별아 활동을 하며 가장 많은 혜택을 입은 사람은 우리 부부라고 생각한다. 무엇을 위해 어떻게 살아야 할지 끝없이 묻고 답하며, 어린이와 놀이를 통해 세상을 더 깊이 이해하게 되었다. 나는 자문해본다. 어떻게 이 힘든 여정을 지속할 수 있었을까? 바로 일상을 놀이터로 일상생활을 놀이로 받아들였기 때문이라고 생각한다.

  인간답게 사는 것은 인간의 존엄을 지키는 전제 조건이다. 그리고 일상생활이란 인간이 자신의 존엄을 지키기 위해 하는 모든 행위라고 생각한다. 몇 해 전 서울대공원 동물원은 돌고래를 바다로 돌려보냈다. 동물원에 살면 먹이도 천적도 걱정할 필요가 없지만, 그럼에도 돌고래가 바다로 돌아가야 할 이유는 분명하다. 바다에 사는 것이 돌고래답기 때문이다. 그것이 돌고래의 존엄을 지키는 길이자, 돌고래가 살아야 할 일상이기 때문이다. 인간도 마찬가지다. 인간의 존엄을 지키기 위해서는 인간답게 살아야 하며, 또 그에 걸맞은 일상생활이 있어야 한다. 그래서 놀이란 단지 놀이 방법을 논하는 문제가 아니라, '인간다움이란 무엇이며, 인간다운 일상생활이란 무엇인가'란 질문과 깊이 연결된다.

  이 맥락에서 이 시대의 놀이는 지금 어린이가 사는 일상생활을 이해하는 중요한 창문이 된다. 놀지 않는 것처럼 보이는 요즘 아이들도 사실 놀고 있다. 다만 소비와 경쟁과 고립이라는 인간의 존엄을 해치는 인간답지 않은 놀이를 하고 있을 뿐이다. 그러므로 놀이와 놀이터를 논할 때 '우리가 과연 어떤 일상생활을 보내느냐'는 질문에 주목해야 한다. 이 질문에 정직하게 답하지 않고 놀이와 놀이터를 논하면 근본적인 문제를 볼 수도 해결할 수도 없다.

놀이 강의를 하러 가면 꼭 받는 질문이 있다. "딸아이가 그렇게 노는데 공부는 잘합니까?" "잘 놀면 뇌가 발달한다는데 사실입니까?" 안타깝지만 나는 이 질문에 답할 수 없다. 왜냐하면 그분과 나는 인간에 대한 이해가 다르기 때문이다. 그분은 놀이를 성공과 관련지어 생각한다. 인간은 성공해야 가치 있다고 믿기 때문이다. 그러나 나는 놀이를 인간의 존엄과 관련지어 생각한다. 그 시기에 인간은 자유롭게 놀아야 인간답다고 믿기 때문이다.

요즘 부모들 사이에 안타까운 질문이 유행처럼 번지고 있다. "내 아이를 어디에 맡길까?" 아이를 누군가에게 맡길 때, 우리는 부모됨이란 너무나 큰 특권도 함께 위임한다는 사실을 잊지 않았으면 좋겠다. 우리는 자식을 낳아 기르며 자기를 희생하고, 오래된 습관, 가치관과 씨름하면서 조금씩 더 나은 인간으로 성숙해간다. 이렇게 부모 노릇을 하며 우리는 '성숙'이라는 열매를 얻는다. 나는 이것이 부모됨의 특권이라고 생각한다. 그런데 아이를 어디에 맡기는 순간 그 특별한 경험을 할 수 있는 기회를 잃게 된다.

답은 멀리 있지 않다. 또 전문가에게 달려 있지도 않다. 나는 신이 우리에게 아기를 주실 때 아기를 키울 능력도 함께 주셨다고 믿는다. 그 믿음을 따라 내 안에 있는 애착 본능과 놀이 본능을 일깨워 자녀와 희로애락을 함께했으면 좋겠다. 그럴 때 우리는 성숙한 부모로 또 인간으로 성장할 것이다. 그런데 이 말의 의미는 머리로는 도저히 이해할 수가 없다. 왜냐하면 오직 그 길을 걸어본 사람만이 이해할 수 있기 때문이다. 그래서 그 깨달음은 늘 증명할 수 없는 '비밀'로 남는다.

놀이와 놀이터로 시작된 우리 부부의 관심은 지금 일상생활 앞에 서 있다. 우리의 일상이 소비보다는 자립에, 경쟁보다는 협력에, 고립보다는 공동체적인 삶에 더욱 깊이 뿌리내리기를 소망한다. 이런 관심이 앞으로 삶에서 어떻게 전개될지는 우리 자신도 알지 못한다. 다만 이 여정을 함께할 벗들을 만나게 되길 간절히 바랄 뿐이다.

공동부엌육아에서 어린이식당까지

어린이식당

일본에서 2013년부터 시작된 사회적 돌봄의 한 형태로 집에서 혼자 저녁밥을 챙겨 먹어야 하는 아이들을 위한 마을식당이다. 식당을 넘어 마을 커뮤니티 센터 역할을 하는 공간으로, 최근 우리 사회에서도 관심이 커지고 있다.

윤영희

어린이식당 활동가. 배낭여행 중에 만난 일본인과 결혼해서
도쿄 근처에서 살고 있다. 천천히 즐기는 삶과 육아를 지향하며
『아날로그로 꽃피운 슬로 육아』를 썼다.

부엌육아, 자립의 기초

학원을 언제 보낼까가 아니라 아이에게 부엌칼을 언제 사줄까를 진지하게 고민하는 엄마. 나는 그런 엄마였다.

이십대를 보냈던 한국의 1990년대는 공동육아나 대안학교, 어린이책 문화운동처럼 획일적인 교육 방식에서 벗어나 새로운 길을 찾는 움직임이 활발한 때였다. 그런 시대 흐름 덕분에 대안적인 삶과 교육을 이야기하는 책을 많이 읽었고, 결혼한 선배들이 생협을 이용하며 기존 교육과는 다른 방식으로 아이들을 키우는 노력을 지켜보면서 한 가지 결심을 했다. 내가 아이를 키운다면 거창한 이론에 의지하기보다 실생활에 밀착된 육아와 교육을 해보리라.

2001년 결혼을 하고 일본에서 살림을 시작했다. 그때 아이에게 필요한 가정교육, 생활교육에 관한 정보를 찾다가 인상적인 제목의 책을 발견했는데, 바로 사카모토 히로코의 『부엌육아』였다. "요리는 자립의 기초다. 핵가족일수록 아이들이 자립할 수 있도록 도와야 한다." 이런 짧은 문장 몇 줄만으로도 '내가 찾던 게 이거구나!' 싶었다.

1970~80년대 고도 성장기를 지나면서 일본 사회는 맞벌이 가정이 늘었고, 바빠진 부모들이 손쉽게 식사를 준비할 수 있도록 완전조리식품이나 즉석식품이 엄청나게 쏟아졌다. 한국은 요즘에서야 아이들의 식생활 문제, 1인 가구의 증가, 혼밥의 현실에 대한 이야기를 시작했지만, 일본은 80~90년대에 이미 그런 현상이 나타났다. 아토피나 알레르기 질환을 가진 아이들이 늘어나고, 불규칙하고 불균형한 식생활은 건강뿐 아니라 성격이나 학습 태도, 인간관계에까지 영향을 미치게 되었다.

부엌육아는 이런 현실의 대안으로 등장했다. 평범한 주부였던 저자가 부엌이란 공간에서 자신의 아이들과 함께 음식을 만들며 경험한 이야기를 담고 있는 이 책은, 바빠진 현대사회의 부모들에게 가정교육의 중요성을 다시금 일깨워주었다. 아이들에게 진짜 필요한 것은 영재교육이 아니라 먹고살기 위한 삶의 기초로서의 요리이고, 부모가 아이에게 요리를 가르침으로써 '천천히 흐르는 시간과 사람의 관계'를 회복하는 일이 중요하다는 것이었다.

나는 그녀의 말에 백 퍼센트 공감했고, 2003년 태어난 딸아이와 함께 부엌육아를 시작했다. 돌이 되기 전부터 아이는 식물도감을 보는 대신 부엌에서 쌀이나 채소를 만지면서 놀았고, 토마토를 손으로 주무르고 으깨서 스스로 만든(!) 이유식을 먹으며 자랐다. 부엌 바닥에서 기거나 앉아서 놀던 아이는 서고 걷게 되면서 싱크대에서 채소를 씻거나 설거지 흉내를 내며 놀았다. 만 세 살부터는 안전한 유아용 부엌칼로 두부, 바나나처럼 다루기 쉬운 재료들을 썰기 시작했고, 만 다섯 살 무렵에는 엄마가 지켜보고 도와주면 국을 끓이거나 달걀을 굽고, 쿠키나 케이크도 만들 수 있게 되었다. 생활교육에 대한 관심과 실천이 아직 대중화되지 않은 한국 부모들에겐 유아기의 아이가 부엌에서 물과 불, 칼을 다룬다는 이야기가 놀라울지도 모르겠다.

그런데 이제 겨우 두세 돌밖에 안 된 아이들에게 문자뿐 아니라 외국어까지 가르치고, 한두 해 정도 선행학습 하는 것을 보통으로 여기는 한국의 현실은 어떻게 설명할 수 있을까? 학습 위주의 교육과 일상생활이 아이들을 무능하게 만들고 있는 건 아닐까? 냉장고에 먹을 게 쌓여 있어도 누가 차려주지 않으면 하루 종일 굶는 아이들이 많다. 요리까지는 아니어도 주변에 있는 먹거리를 찾아 스스로 차려먹고 치우는 정도만 할 줄 알아도 그게 어딘가.

지금 젊은 부모들이 살림과 육아를 유난히 힘들어하는 배경에는 사교육에 올인하며 생활교육을 등한시했던 부모 세대의 책임도 크다. 자라는 동안 제대로 배운 적이 없으니 어른이 된 후에도 부엌일에 익숙해지기까지 시간과 노력이 많이 들고, 그래서 자신의 아이들에게 가르칠 여유도 없는 게 아닐까? 그런 면에서 부엌육아는 지금 우리의 현실을 대물림하지 않기 위한 대안이 될 수 있다.

요리 가르치기, 쉬운 것부터 하나씩

십 년 넘게 아이와 부엌에서 함께 요리를 했다고 하면, 사람들은 내가 아주 어렵고 힘든 일을 해왔다고 생각하는 것 같다. 그러나 그렇지 않다. 쌀을 씻어 밥물을 맞추고 밥솥에 안치기, 냉장고에서 필요한 재료를 꺼내 씻고 다듬기, 반찬을 그릇에 나눠 담고 수저 놓기 등 위험하지 않으면서도 아이들이 쉽게 할 수 있는 일은 얼마든지 많다.

유아기의 아이들은 이 정도의 일을 충분히 할 수 있으며, 어른의 선입견과는 달리 부엌일을 무척 즐긴다. 바쁜 어른의 생활리듬을 고려하면 부엌을 향한 아이들의 관심이 오히려 부담스럽고 겁이 날 수도 있다. 하지만 집집마다 나름의 규칙을 정해서 주말 하루만이라도 아이들에게 부엌일을 가르치고 초등학교 졸업 시기인 열세 살까지만이라도 그것을 이어갈 수 있다면, 아이들은 놀랍도록 많은 능력을 갖게 될 것이다. 이런 기본적인 생활능력은 기초체력, 기초학력과 마찬가지로 아이에게 평생 남는다. 생활교육에서 가장 중요한 것은 "쉬운 것부터 하나씩 하나씩"이다. 빨래를 가르친다고 해서 처음부터 이불 빨래를 시키지는 않듯이.

우리 집 부엌육아의 두 번째 주인공인 초등학교 3학년 아들은 요즘 주말이면 점심 준비를 돕곤 한다. 부엌일을 야무지게 돕던 누나에 비하면 자기가 재미있어 하는 일만 골라 하려 들고, 마지막 단계까지 완성하기도 전에 귀찮다며 줄행랑을 치거나 부엌에 장난감을 가져와서는 어지럽히곤 했다. 그래서 더 쉽고 간단한 작업을 맡겨서 아이 스스로도 성취감을 느끼고 나도 스트레스를 줄일 수 있도록 했다. 다 삶아진 스파게티 면을 식구 수대로 접시에 나눠 담는 일 정도는 가르칠 필요도 없을 만큼 간단한 일이다.

하지만 일상을 살다 보면 다 된 밥과 반찬을 식탁 위로 가져다줄 누군가가, 식탁 위에 수북이 쌓인 책과 서류더미를 옮겨줄 누군가가, 빨래를 세탁기에서 꺼내줄 누군가가 간절할 때가 있지 않은가. 저도 모르게 식구들에게 쌓이는 불만은 어쩌면 이런 사소하고 하찮은 도움과 배려를 자발적으로 보여주지 않는 데서 비롯되는 게 아닐까. 난이도 높은 집안일까진 못하더라도 쉽고 간단한 일을 내 일로 여기고 해보게 하는 생활교육은 스스로 공부하는 힘을 키우고 생활을 주체적으로 꾸려나가는 일과도 맞물려 있다.

싫든 좋든, 요리, 청소, 빨래, 이 세 가지는 인간이면 누구나 죽을 때까지 해야 하는 일이다. 어차피 피해갈 수 없는 일이라면, 좀 더 익숙하고 즐겁게, 합리적으로 해낼 수 있는 연습 기회를 아이들에게 줘야 하지 않을까? 아주 쉬운 것부터 하나씩 말이다.

공동부엌육아 모임을 만들다

집에서 아이와 둘이서만 해오던 부엌육아를, 둘째가 태어난 뒤로는 뜻이 맞는 몇몇 엄마들과 함께 하게 되었다. 생협을 통해 알게 된 엄마들과 영유아부터 열 살 남짓의 아이들까지 스무 명 정도가 모였다. 먹방과 쿡방이 만연한 시대에 아이들만 그런 분위기에서 소외되어 있는 건 아닌지, 어른들이 해주는 음식을 먹는 대상일 뿐인 아이들이 요리의 주체가 될 수는 없을지, 이젠 아들들에게도 적극적으로 요리를 가르쳐야 하는 시대가 아닐지, 이런 의문에 모두 공감했다.

무엇보다 우리 모임 멤버들은 일본의 국민 그림책 작가라 할 수 있는 나카가와 리에코의 『구리와 구라』 시리즈에 나오는 표현처럼 '요리하는 일, 먹는 일이 세상에서 젤 좋은' 엄마와 아이들이었다. 팍팍한 현실과 미래에 대한 불안으로 웃을 일이 별로 없는 일상에, 아이와 어른이 함께 어울려 느긋하게 먹고 싶은 걸 함께 만들어 먹고 편하게 수다 떨고 놀며 의미 있는 시간을 보내고 싶었다.

어른과 아이들이 모여 안전하고 의미 있는 시간을 보내기 위해서는 우선 간단한 조리가 가능한 부엌과 화장실이 갖춰진 공간이 필요했다. 산만한 분위기에 비싼 비용을 내고서도 형편없는 음식을 먹어야 하는 키즈카페가 아닌, 우리가 주도적으로 분위기를 만들고 음식도 직접 해먹을 수 있는 곳을 원했다.

일본은 동네마다 공민관이라 부르는 시민센터 같은 곳이 있는데, 낡고 오래된 곳이라도 꼭 조리실이 딸려 있다. 한국으로 치면 동네 주민센터 2층에 부엌시설과 식기, 조리기구 등을 구비한 공간이 갖춰져 있다고 보면 된다. 우리는 대부분 이곳에서 모였는데, 사용 후 공간을 정리하는 조건으로 언제든 무료로 이용할 수 있었다. 동네 주민들이 만든 커뮤니티라면 누구나 예약을 통해 사용할 수 있는데, 우리 모임이 오래 지속될 수 있었던 배경에는 이런 공공 공간의 덕이 컸다.

이런 시설이 보편화되어 있지 않은 한국의 경우는, 인원이 많지 않다면 돌아가며 구성원들의 집에서 모임을 시작해도 좋을 것 같다. 사실 아이들이 어리다면 집처럼 편하고 좋은 공간이 없다. 요즘 집값도 비싸다고 아우성들인데, 아이들이 어릴 때는 각자의 집을 활용해보는 것도 괜찮지 않을까? 아이들도 어른들도 조금 익숙해지면 공동부엌을 빌려 쓸 수 있는 공간을 물색해보면 되고, 생협 회원이라면 건물에 딸려 있는 요리실을 빌려 쓰는 방법도 있다. 처음에는 막막해도 의외의 공간을 발견해낼 수 있을지도 모르니, 일단 한발 내딛어보시길!

완벽한 요리기구들이 갖춰진 근사한 주방이 있어야 요리가 잘된다고 생각할지 모르지만, 사실 맛있는 음식은 비좁고 가난한 옥탑방 부엌 같은 데서 만들어지기도 한다. 〈나 혼자 산다〉라는 텔레비전 프로그램에 나왔던 가수 육중완의 부엌을 떠올려보시라. 또 2천원으로 만드는 생존요리책을 시리즈로 냈던 블로거 '나물이네'도 귀신이 나올 것 같다던 옥탑방에서 요리를 했다. 값싼 재료로 만든 음식들이었지만 그가 만든 음식은 품위가 있었다.

모임 운영비는 그날 사용한 전체 비용을 한 가정당 얼마씩 계산해 나누었다. 요리 재료에 따라 싸지기도 하고 조금 비싸지기도 하는데, 한 가정당 비용이 평균 1~2만원을 넘지 않도록 해서, 어느 가정이나 부담 없이 참여할 수 있었다.

　모임을 처음 시작했을 때는 아이들 대부분이 유아였기 때문에 몇 만원으로도 여럿이 충분히 맛있게 먹고 과일, 케이크, 빵까지 직접 만들며 풍성하게 즐길 수 있었다. 나중에는 가입해 있던 생협에서 적은 돈이지만 연간 얼마씩 지원을 받기도 했다. 키즈카페를 가거나 놀이시설을 전전하는 것보다 훨씬 저렴하고 의미 있는 시간을 보낼 수 있었기에 비용 때문에 고민해본 적은 없었다.

　스스로 만든 모임이니, 결국 모든 멤버가 스스로 자기 역할을 찾아야 했다. 돈 관리에 자신 있는 사람은 총무를 맡고(그래 봐야 10만 원도 넘지 않는 살림이지만), 요리에 능숙한 사람은 레시피와 당일 전체 조리 진행을 맡고, 식재료 구입은 모임 전에 분담해서 문자 메시지로 연락을 주고받는다. 아직 아기가 어린 젊은 엄마들은 특별한 역할을 맡진 않지만, 뒷설거지나 쓰레기 정리를 알아서 도맡아 했다. 말하지 않아도 스스로 할 일을 찾아 조용히 해내는 멤버들이 많을수록 모임은 잘 굴러간다. 부엌육아는 손으로, 몸으로 해야 할 자잘한 일들이 많기 때문이다. 이런 성실함과 신뢰 관계는 우리 모임의 가장 큰 매력이자 원동력이었다.

　우리 부엌육아 모임의 특징은 아이와 어른이 어우러져 함께 음식을 만든다는 점이었다. 기본 원칙은 아이들에게 억지로 요리를 가르치거나 시키지는 않는다는 것. 언제든 아이들이 원할 때 자연스럽게 그 아이 연령에 맞게 채소 씻기나 다듬기, 썰기, 볶기 등을 돕거나 함께 만든다. 내 아이, 남의 아이 구분 없이 함께 돌보고 때로는 나이가 더 많은 아이들이 동생들과 짝을 맞춰 서로 도우면서 배우기도 하는데, 이것이 공동부엌육아의 가장 훌륭한 점이다. 많아야 둘셋밖에 안 되는 형제 관계를 벗어나 열 명 남짓한, 성별과 나이가 다른 아이들이 함께 놀듯이 요리를 하며 어울릴 수 있는 기회를 어디서 경험하겠는가. 요즘 아이들을 위한 각종 요리교실이 유행하는 모양인데, 그런 곳에서는 경험할 수 없는 자연스러움과 따듯한 관계를 아이들도 느끼는 것 같다. 한 달에 한두 번 만나는 이 시간을 아이들도 얼마나 손꼽아 기다리던지.

우리는 주로 제철 음식을 주재료로 일 년치 저장식을 다 같이 만들곤 했다. 겨울에는 된장을 담그고, 딸기가 맛있는 초봄에는 잼을 만드는 식이었다. 매해 3월, 일 년 동안 먹을 마멀레이드를 만드는 날이면 엄마들이 모여 앉아 폭풍수다를 떨면서 오랜 시간 밀감 껍질을 벗긴다. 아이들은 저만치 떨어진 곳에 돗자리를 깔고 서로 가져온 장난감을 가지고 노느라 엄마들 근처에는 얼씬도 하지 않으니, 이보다 더 좋을 수가 있나! 공동부엌육아를 하며 가장 행복한 순간이다.

새 학기에 적응하느라 힘들어하는 아이들 이야기도 나누고, 서로의 근황이나 육아 정보도 공유하고, 맛집이나 건강, 쇼핑 관련 고급 정보도 나눈다. 뿐만 아니라 유치원, 학교, 동네 엄마들에게도 털어놓지 못한 속이야기도 원 없이 나누다 보니, 이 모임만 오면 속 시원히 풀고 위로까지 받고 돌아가는 기분이 들었다. 백일이 겨우 지난 아기를 데리고 오거나 아이가 초등 고학년이 되어도 함께 참여할 수 있었던 건, 이렇게 편안하고 따듯한 분위기 덕분이었다. 큰아이가 중학생이 될 만큼 시간이 많이 지난 뒤에 생각해보니, 외로운 타향살이와 독박육아의 어려움을 이 모임 덕에 그럭저럭 이겨낼 수 있었던 것 같다.

혼밥, 혼술이란 말이 일상적인 시대가 되었지만, 사람은 역시 함께 밥을 지어먹고 이야기를 나누면서 살아갈 힘을 재충전하는 존재라는 걸 느낀다. 아이와 어른이 함께 성장할 수 있는 공동부엌육아, 아이를 다시 키운다 해도 이 모임만큼은 꼭 다시 해보고 싶다.

텃밭으로 나간 부엌육아

생협 엄마들과 부엌육아를 몇 년째 해오면서 머릿속에 늘 떠나지 않는 생각이 있었다. '먹을거리를 직접 길러 먹을 수 있는 작은 텃밭이 있었으면.' 그런 생각으로 텃밭농사와 연관된 블로그를 검색하던 중 공감 가는 글을 만나게 되었다.

어릴 적부터 책을 많이 읽어야 한다고 말을 합니다. 맞습니다. 그러나 저는 독서보다 더 많이 해야 하는 것은 '경험'이라고 생각합니다. 경험하고 삶으로 부딪친 후에 읽은 책과 그전에 읽은 책은 전혀 달랐습니다. 책을 읽어도 답답할 때면, 더 이상 종이에서 답을 얻을 것이 아니라 몸으로 답을 얻으라고 권하고 싶습니다. 농사는 보이지 않는 시간을 눈에 보이는 채소로 우리에게 보여줍니다. 어떤 것이 제대로 이루어지려면 '순리적 시간'이 흘러야 한다는 걸 가르쳐줍니다. ('올빼미 화원' 블로그에서)

그래서 시작하게 된 텃밭농사. 생협 조합원이 소유하고 있는 텃밭 한 귀퉁이를 빌려 대여섯 가족이 함께 농사를 시작했다. 그야말로 텃밭으로 나온 부엌육아였다. 사실, 농사에 특별한 지식도 경험도 없는 우리가 주말마다 밭일을 한다는 건 쉬운 일이 아니었다. 그러나 아이들에게 텃밭은 그 어떤 근사한 키즈카페보다 훌륭한 놀이터가 되었다. 집 안의 좁은 부엌보다 백 배는 신기하고 재미있는 것들이 많은 자연의 부엌인 셈이었다. 햇볕이 뜨거운 여름이면 텃밭은 토마토와 오이, 호박을 낳는 자연분만실이었고, 아이들과 우리는 채소들의 성장과 출산을 실시간으로 지켜볼 수 있었다.

어떤 일이 제대로 이루어지려면 '순리적 시간'이 필요하다는 말, 아이를 키우는 데도 그런 순리적 시간을 기다릴 줄 알아야 한다는 것을 밭에 갈 때마다 온몸으로 배웠다. 텃밭 한편에서는 직접 수확한 채소를 곁들여 바비큐 파티를 열고, 아이들은 수영복으로 갈아입고 물놀이를 즐기고, 또 한 무리의 아이들은 곤충을 찾아 맨발로 뛰어다니는 모습. 이 모든 것이 도시의 일상에 지친 엄마들에게 얼마나 큰 위로가 되었는지 모른다.

텃밭이라는 공간이 특히 좋았던 건, 도시에서 아이를 키우면서 적은 비용으로 놀이와 운동, 인간관계, 식사, 자연학습은 물론 지성과 감성까지 키울 수 있었기 때문이다. 텃밭과 부엌에서 만난 새로운 육아 방법을 통해 아이와 어른 모두가 정말 많이 배우고 변했다. 읽을수록 머리가 복잡해지는 육아책이 아니라 텃밭에서 나는 더 많은 지혜를 얻었다.

어린이식당 만들기, 사회의 부엌과 거실이 필요해

공동부엌육아와 텃밭농사까지 경험해오는 동안, 첫아이는 중학교에 입학하고 늘 아기 같던 둘째도 어느새 초등학생이 되었다. 부엌육아 모임은 여전히 한 달에 한두 번 정기적으로 만나며 좋은 시간을 가졌지만, 그것으로 다 채워지지 않는 허전함과 답답함이 맴돌았다. 그건 아마 친정이 먼 바다 건너에 있는 타향살이 처지라서 더 그랬는지도 모르겠다.

'아이들 데리고 저녁 한 끼 얻어먹을 수 있는 곳, 어디 없을까?'
어둠과 함께 하루의 피로가 몰려오는 저녁 무렵이면 수도 없이 이런 생각을 했다. 겉모습만 화려할 뿐 어쩐지 쓸쓸하게 느껴지는 키즈카페도 싫고, 배달음식은 더더욱 싫고, 울고 보채는 둘째 단속하느라 눈칫밥을 먹으며 쫓기듯 나오게 되는 일반 식당도 가기 어려울 때, 맘 편히 따뜻한 밥 한 끼 먹을 수 있는 그런 곳이 있다면! 상업적인 분위기가 덜한 그런 식당 어디 없나? 나는 어느샌가 영화 〈심야식당〉이나 〈카모메 식당〉의 주인공처럼 어린아이와 부모를 위한 아늑하고 가정적인 분위기의 어린이 전문식당을 만들어보고 싶은 꿈을 갖게 되었다. 십 년이 넘는 시간 동안 해온 부엌육아와 공동체 모임, 텃밭농사의 경험을 좀더 확대시켜 사회적으로 풀어보고 싶은 욕심이 생긴 것이다. 지금까지 했던 것보다 한 단계 더 진화한 무언가는 없을까?

하지만 세상은 점점 삭막해져가고 아이들이 처한 현실을 직접 몸으로 부딪히면서 '꿈은 역시 꿈일 뿐이구나' 하고 마음을 접으려던 무렵, 전혀 예상하지 못했던 방식으로 일이 벌어졌다.

이런 식당 어디 없을까

어린이 혼자 와도 괜찮아요.
숙제를 가지고 와도 괜찮아요.
함께 놀면서 저녁을 먹어요.
따뜻한 밥과 국을 준비해 여러분을 기다립니다.

2013년 이후 일본 사회에서 활발히 일어나고 있는 '어린이식당 운동'의 홍보 문구다. 일본은 20년 넘게 지속된 불경기와 저성장의 영향으로 예전과는 다른 새로운 빈곤층이 형성되었다. 높은 이혼율로 한부모 가정이 늘어나고, 일하는 부모의 늦은 귀가로 저녁밥을 사서 먹거나 그나마도 제대로 챙겨 먹지 못하며 혼자 저녁 시간을 보내는 아이들이 점점 많아진 것이다. 이러한 현실은 일본 사회에서 오랫동안 문제가 되었다.

바쁜 부모를 대신해 숙제를 봐주거나 말벗이 되어 함께 저녁 시간을 보내고 밥도 먹을 수 있는 일본의 어린이식당은 지금 도쿄, 요코하마 등 수도권을 중심으로 급속도로 늘어나는 추세다. 지역 주민들이 주체가 되어 '사회의 엄마' 역할을 하는 이 식당은 어린이들뿐 아니라 맞벌이 부모, 전업주부, 싱글맘, 독거노인 등 여러 사정으로 따뜻한 저녁을 제시간에 차려먹기 힘든 어른들도 함께 이용한다는 의미에서 '모두의 식당'이란 이름으로 불리기도 한다. 너무 이상적인 탓에 사실이라 믿기 힘든 이런 식당을 도대체 누가, 언제, 어떻게 시작하게 된 것일까.

도쿄 오타 구에서 채소가게를 운영하던 곤도 씨는 어느 날 같은 동네 초등학교 부교장 선생님한테서 "우리 학교에 형편이 어려운 아이가 있는데 바나나 하나로 저녁식사를 대신한다"는 이야기를 듣게 되었다. 그 이야기가 늘 마음에 걸렸지만 생각만 하는 사이 일 년 반이란 시간이 흘렀고, 그 아이가 결국 아동보호소로 가게 되었다는 소식을 들었다.

이 일이 계기가 되어, 곤도 씨는 2013년 자신의 채소가게 한켠에 매달 정해진 날 무료로 아이들에게 저녁밥을 제공하는 작은 어린이식당을 열게 되었다. 곤도 씨의 사연을 듣고 공감한 시민들이 자신이 사는 지역에도 어린이식당을 열었고, 이런 움직임이 전국으로 퍼져나갔다. 그 결과 2017년 현재 어린이식당이 첫해의 열 배를 훨씬 넘는 4백여 곳으로 늘어났다. 어린이식당은 대개 고등학생까지는 무료거나 1백엔(한화 약 1천원), 성인은 3백엔 정도로 이용할 수 있다. 장소는 개인 주택, 동네 가게의 한 코너, 주민센터의 조리실, 종교단체 시설 등 다양하다. 대학생 자원봉사자들이 저녁 식사 전에 아이들과 함께 놀아주거나 그림책을 읽어주는 등 다양한 형식으로 자율적인 운영이 이루어지고 있다.

최근에는 어린이식당에 가서 밥을 먹고 싶은 사람들과 후원이나 자원봉사를 원하는 사람들을 연결하는 '어린이식당 네트워크'가 꾸려지면서, 식당의 실제 사례와 운영에 관심 있는 시민들의 견학과 개설 강좌 문의가 줄을 잇고 있다. 어린이식당을 둘러싼 최근 일본 사회의 이러한 움직임은 아동복지 전문가나 교사, 환경단체, 비영리단체와의 교류로 올해 들어 더욱 활발해져 각 신문이나 방송을 통해 자주 보도되었고, 그에 따라 대중의 인식과 관심도 점점 높아졌다.(일본 어린이식당 네트워크 홈페이지 http://kodomoshokudou-network.com에 가면 어린이식당 견학, 워크숍 안내와 기초적인 운영 정보, 전국 어린이식당 현황 등을 살펴볼 수 있다.)

먹는 것을 둘러싼 아이들의 현실

2015년 부산국제영화제 공식 초청작이었던 재일교포 3세 오미보 감독의 〈너는 착한 아이〉란 영화에는, 5시까지는 집에 들어오지 말라는 아버지의 엄포에 수업을 마치고도 운동장에서 시간을 보내는 '간다'라는 아이가 나온다. 영화에는 이 아이가 담임교사 앞에서 일주일치 급식 메뉴를 한 글자도 틀리지 않고 완벽하게 외우는 장면이 마음 아프게 그려진다. 유일한 끼니가 급식이기 때문에 내일 또 모레는 뭐가 나오는지 줄줄 꿰면서 기대하는 아이의 모습을 보며 교사는 어쩔 줄을 모른다. 영화에서 이 부분을 꼭 제대로 표현하고 싶었다는 감독의 말에서도 알 수 있듯, 부모에게 학대를 받는 아이들이 '제대로 된 식사'를 일상적으로 경험하기가 얼마나 어려운지를 짐작할 수 있다.

평범한 아이들은 날마다 먹을 수 있는 당연하고 기본적인 식사가 어떤 아이들에게는 아주 드물고 부러운 것일 수 있다. 일본의 한 연예인이 방송에서 밝힌 일화인데, 그는 아버지와 단둘이 살아오면서 아버지께 받은 일정한 돈으로 매일 세 끼 식사를 스스로 해결해야 했다고 한다. 사 먹는 것도 귀찮아서 과자를 한 상자 사다 놓고 그것만 먹고 지내다가 학교 가는 길에 쓰러져 응급실에 실려 간 적도 있었다고 했다. 음식을 사 먹을 돈이 있어도, 아이들에겐 건강에 도움이 될 만한 식사를 스스로 선택하거나 만들어 먹을 수 있는 능력이 부족하다. 돈이 없는 것도 문제지만, 사 먹을 돈이 있다 해도 건강을 해칠 수 있는 먹거리를 차단하는 누군가의 판단과 돌봄이 아이들에게 필요하다는 공감대가 일본 사회에 오랫동안 형성되어 왔다.

어린이식당은 이런 아이들의 현실에 공감한 시민들이 자발적으로 시작한 운동이다. 어린이 빈곤 대책과 함께 어린이 및 청소년들의 쉼터, 지역 주민들이 '어린이와 식사'를 주제로 교류할 수 있는 곳으로 자리를 잡아가고 있다. 운영과 식재료 기부, 후원 등이 모두 자원봉사로 꾸려지고 있는데, 이 운동에 공감한 기업, 지역 가게, 개인들이 쌀, 고기, 채소, 빵, 두부, 과일, 각종 조미료 등을 다양한 형태로 기부하고 있다. 이렇게 모인 식재료들로 식당이 열리는 날, 조리를 담당하기로 한 자원봉사 주부들이 식단을 짜서 밥, 국, 반찬으로 구성된 저녁을 준비한다. 어떤 날은 주스나 아이스크림, 수제 쿠키 후원이 들어와 달콤한 후식까지 즐길 수 있어 아이들이 무척 행복해했다는 이야기가 SNS를 통해 전해지기도 한다.

 어린이식당은 식사뿐 아니라, 숙제도 하고(자원봉사 대학생, 동네 어른들이 공부를 봐준다) 간단한 놀이나 카드 게임을 하는 등 아이들과 지역 어른들의 소통을 돕는 마당 역할까지 하고 있다. 일반 가정집을 이용해 한 달에 두 번 문을 여는 도쿄의 한 어린이식당은, 저녁식사 전에 목욕을 하고 싶은 아이들을 위해 욕실을 사용하도록 배려해준다고 한다. 아이들이 이렇게 부모 외에도 다양한 어른들을 만나며 세상에 대한 신뢰를 쌓을 수 있도록 한다는 점에서, 어린이식당은 먹는 것 외에도 많은 것들을 경험하고 배울 수 있는 공간이다.

 아이들의 식사 문제로 시작한 일이 아이들 삶의 현실을 좀더 구체적으로 이해하는 계기가 되고 있다. 한국에서는 작년, 한 기업의 생리대 가격 인상 발표로 저소득층 청소년들의 생리대 논란이 일어났다. SNS를 통해 알려진 저소득층 아이들의 믿기 어려운 사연들로 여론이 들끓었고 해당 기업은 곧 가격 인상 계획을 철회했다. 그때 실린 한 일간신문의 기사처럼, 저소득층 아이들에게 부족한 것이 어디 생리대뿐일까? 생리대는 어쩌면 그 아이들 삶을 상징적으로 보여주는 물품일지도 모른다. 아이들의 삶과 성장에 필요한 최소한의 물질과 정서적인 돌봄에 대해, 각 가정의 차원을 넘어 우리 모두가 다시 한 번 생각해봐야 하지 않을까?

일본의 어린이식당은 현재 어린이 빈곤 문제의 작은 비상구 역할을 하면서 사회문제를 더 깊이 공감하고 시민들이 연대를 통해 함께 해결해갈 수 있는 가능성을 보여주고 있다.

우리 동네에도 어린이식당이 생겼어요

말로만 듣던 이 어린이식당이 작년 봄, 드디어 내가 사는 동네에도 문을 열었다. 나와 부엌육아 친구들 몇몇, 그리고 생협 지인들이 모여 일을 벌인 것이다. 가장 먼저, 생협 단체의 조리실이 딸린 공간을 한 달에 두 번 무료로 빌리는 데 성공했다. 최근 각 신문이나 방송에서 어린이식당 사례가 화제가 되어서인지 시작부터 순조로웠다. 동네 가게들과 마트, 지역 자치회 등에 식당 홍보와 운영에 필요한 식재료 기부 및 후원을 부탁했는데, 가장 먼저 유기농 두부로 유명한 동네의 두부공장에서 연락이 왔다. 필요한 양을 미리 알려주면 식당이 열리는 날 준비해두겠다고 핸드폰 문자메시지

어린이식당은 단순하게 아이들이
무료로 밥을 먹는 곳이 아니라, 한 공간에서
같은 지역의 아이와 어른이 함께 밥을 먹으며
관계를 맺어가는 의미 있는 장소다.

를 보낸 것이다. 우리 모두 얼마나 기뻤는지!

 게다가 동네 빵집에선 그날 다 팔지 못한 다양한 종류의 빵을, 동네 마트에선 간장, 식용유, 샐러드 드레싱 같은 조미료를, 생협 조합원 중에 텃밭 농사를 짓는 분들은 신선한 제철 채소들을 기부해주셨다. 어떤 분들은 식당 냉장고에 고기를 몰래 넣어두고 가기도 하고, 또 어떤 분들은 쌀이나 국수 면을 한 상자씩 기부해주시기도 했다. 식당이 본격적으로 시작되기도 전에 날마다 풍성하고 감동적인 일들이 일어났다.

 별다른 준비 없이 시작한 우리는 "요즘 사람들은 다 차갑고 자기밖에 모른다 하더니, 아니네?!" 하며 놀라워했다. 다들 마음이 없는 게 아니라 그걸 한곳에 모을 수 있는 계기가 없었던 게 아닐까? 누군가는 남거나 버려지는 식재료들을 잘 모으고, 또 누군가는 정성스런 요리로 따뜻한 한 끼 식사를 만들어내고, 이 과정에 드는 비용은 자원봉사자들의 지혜와 노동력으로 메꾸어 동네 어린이 누구나 와서 먹을 수 있는 밥이 탄생하는 것이다.

 우리는 이렇게 기본적인 준비와 몇 차례의 모임을 가진 뒤, 작년 봄 드디어 감격스런 첫 오픈식을 했다. 우리 동네에도 어린이식당 1호점이 문을 연 것이다. 아무도 안 오면 이 30인분의 식사를 어떡하지 싶었는데, 웬걸! 예상 인원을 넘어 35명이 몰려든 것이다. 영유아 어린아이를 둔 젊은 엄마, 혼자 온 초등학생, 친구들과 함께 몰려온 중학생들, 동네 노인분들. 당황스러우면서도 말할 수 없이 기뻤던 그 첫날의 감격을 떠올리면 지금도 뭉클해진다.

큰 비용을 들이지 않고도 기부 받은 쌀과 고기, 채소로 40명이 먹을 수 있는 밥을 충분히 만들 수 있다는 것, 최소한의 비용으로도 동네 아이들과 어른들이 모여 풍성하고 따뜻한 한 끼를 나눌 수 있다는 가능성을 우리 어린이식당이 증명해보인 셈이었다.

경제적 빈곤보다 더 심각한 관계의 빈곤

어린이식당 문을 연 지 얼마 되지 않았을 때, 부부로 보이는 할아버지, 할머니가 어린 손녀를 데리고 오셨다. 할아버지는 식탁에 앉자마자 칭얼대는 손녀에게 작은 소리로 끊임없이 화를 냈다. 헝클어진 머리에 지저분한 손수건을 입에 문 채 우는 아이와 무기력한 할머니, 신경질적인 할아버지 모습에서 일하는 부모를 대신해 아이를 늦은 밤까지 맡아 돌보는 황혼 육아의 피로가 엿보였다.

그런데 계속해서 화를 내던 할아버지가 따뜻한 밥과 국으로 차려진 저녁과 후식으로 나온 수박까지 만족스럽게 드신 뒤엔, 처음과는 다르게 손녀에게 여유롭고 다정한 모습으로 대하시는 게 아닌가. 고단한 일상을 사는 이에게 누군가 차려주는 따뜻한 한 끼 식사는 이렇게 사람을 변화시키는 힘이 있다.

현대사회를 살아가는 많은 사람들은 경제적 빈곤뿐 아니라 '관계의 빈곤'을 겪고 있다. 사회와 접점 없이, 어려움이 있어도 남에게 기대지 못하며 고립된 채 살아가는 사람들이 점점 늘어나고 있다. 도움이나 지원을 요청하고 싶어도 거절당하거나 사생활을 들킬까 봐 누구에게도 힘든 사정을 드러내지 못한다. 그런 사회 분위기 속에서 어린이식당은 단순하게 아이들이 무료로 밥을 먹는 곳이 아니라, 한 공간에서 같은 지역의 아이와 어른이 함께 밥을 먹으며 관계를 맺어가는 의미 있는 장소다.

어린이식당은 식품의 생산, 유통, 판매, 소비의 각 단계에서 발생하는 여유 식품 자원을 식품 제조업체나 개인 기부자에게 기부받아 소외계층에게 무상으로 제공하는 푸드뱅크 서비스나 무료배식소와 비슷하다. 그러나 그보다 더 진화한 형태로, 음식뿐 아니라 '관계를 만드는' 역할을 한다는 점에서 큰 차이가 있다. 아이들이 가족과 학교 친구 이외의 사람들과 만날 기회, 그리고 아이도 어른도 사회적 고립 상태로는 얻을 수 없는 정보, 지원, 제도 이용, 인간관계망 같은 것들이 필요하지 않을까?

아이들은 처음 어린이식당에 오면 낯을 가려 무리에 섞이지 못하고 어색해하거나 겉돌기도 한다. 하지만 이곳에서는 무리하게 사람들과 어울리려고 노력하지 않아도 된다. 억지로 친해지려고 너무 애쓰지 않는 분위기, 서로의 개성을 존중하면서 편한 마음으로 이용할 수 있는 문턱이 낮은 어린이식당이 되었으면 한다. 처음엔 쑥스러워하며 인사도 잘 못하던 아이들이 여러 번 만나면서 스스로 자기 이야기를 하기 시작하는 순간은 언제나 감동스럽다. 저번에 먹었던 비빔밥이 너무 맛있었다며 매번 그것만 만들어줬으면 좋겠다는 아이, 조리실까지 찾아와 어떤 반찬이 맛있었다고 인사를 하는 아이도 있다.

나는 우리 어린이식당에서 유일한 한국인이다. 식당의 단골 어린이 손님 중에는 아이돌 그룹 빅뱅을 좋아하는 아이들이 있는데, 만날 때마다 한국어를 가르쳐달라고 야단이다. 식당이 열리는 날, 다른 일 때문에 내가 조금 늦게 도착하면 아이들은 밥을 먹다 말고 내 뒤를 따라다닌다. 식당 스탭들은 이 아이들을 "영희 씨 팬클럽"이라 부른다.

한일 관계가 나날이 심각해지고 있지만, 평범한 일본 시민과 아이들은 그저 맛있는 한국 음식이 좋고 일본과는 다른 매력이 있는 한국어와 대중문화를 궁금해한다. 언젠가 무라카미 하루키가 한 신문 칼럼에서 정치와 역사적인 문제는 차차 풀어가더라도 문화적인 관계만큼은 교류가 끊이지 않도록 서로 애썼으면 좋겠다고 했는데, 나 역시 그런 마음이다. 두 나라 사이가 아무리 험악해져도 한국과 일본이 서로에게 중요한 나라라는 사실만큼은 변하지 않는다. 아이와 어른들의 빈곤한 관계를 채워주고, 한일 두 나라 국민들의 관계도 맛있는 음식으로 따뜻하게 이어갈 수 있도록 하고 싶은 게 나의 욕심이자 꿈이다. 잘은 모르지만, 일본 내 수많은 어린이식당 중에서 한국인이 만든 비빔밥을 먹을 수 있는 곳은 우리 동네 식당이 유일하지 않을까?

2000년대 이후, 한류의 영향으로 일본 초등학교의 급식 메뉴에도 한국 음식들이 많이 등장하고 있다. 특히 비빔밥은 3위 자리를 다툴 정도로 인기가 있는데, 우리 어린이식당의 인기 메뉴 넘버원이기도 하다. 나는 때로 거창한 외교 행사보다 정성을 듬뿍 담아 만든 비빔밥 한 그릇이 두 나라의 평화에 더 도움이 될지도 모른다는 생각을 한다. 얼마 전 황교익 맛 칼럼니스트가 한 매체에서 이런 말을 했다. "나는 가끔 이런 상상도 해본다. 요즘 한중일 삼국 관계가 안 좋은데, 동아시아 공동체 정신을 다지는 행사로 삼국 정상이 신년에 한자리에 모여 각국의 떡국을 나눠 먹으면 좋지 않을까?"

함께 밥을 나눠 먹는 일. 누구 할 것 없이 불안한 이 시대를 살아낼 방법으로 함께 모여 밥을 먹으며 관계를 만드는 일. 어쩌면 경제적인 문제의 해결보다 더 필요한 일인지도 모른다.

지금 시대를 살아낼 힘을 기르자

조한혜정 교수는 작년 봄에 일어난 강남역과 구의역 사건을 언급하며 한겨레신문에 이렇게 썼다.

삶을 일구려 노력할수록 삶이 파괴되는 시장질주사회의 본성을 파악하고 한동안 퇴행을 거듭할 시대를 살아낼 힘을 키워야 한다. 세상이 좋아질 수 없으리라는 것을 받아들이고, 모두를 집어삼킬 혐오와 적대에 사로잡히지 않기 위해 함께 질문하고 위로할 동료를 찾아나서야 한다. 따질 줄은 알지만 이해와 공존의 능력을 키우지 못한 나를 인식하기 위해서라도.

우리 주변의 아이들이 잠시라도 안전하게 몸을 쉴 수 있도록 도와주는 것, 그리고 공평하게 배불리 먹을 수 있도록 돌봐주는 일은 점점 나빠지는 우리 사회의 악순환을 막는 작은 시작이다. 어린이식당 활동가로 일하며, 나는 이 운동이 50여 년 전 일본에서 일어났던 어린이도서관 운동과 참 비슷하다는 생각을 한다. 유명한 아동문학 작가이자 번역가였던 이시이 모모코는 1958년 자택의 일부를 작은 도서관으로 개방해, 마을 어린이들이 편안하게 책과 만날 수 있도록 공간을 제공했다.

이시이 모모코는 당시 이 작은 도서관을 이용하는 어린이들의 독서 체험을 7년간에 걸쳐 기록했다. 그리고 『어린이도서관』이라는 한 권의 책으로 펴냈다. 양질의 어린이책은 어떤 책인지, 어린 시절에 경험하는 독서가 얼마나 중요한지, 그리고 어린이들이 마음 놓고 독서를 즐길 수 있는 공간이 얼마나 필요한지에 관한 책이었다.

이 책이 출판된 1965년 이후 이시이 모모코의 활동에 감명을 받은 독자들이 자신의 집에 있는 책들을 활용해 작은 가정문고를 여는 사례가 늘어나면서, 어린이도서관 운동은 순식간에 전국으로 퍼져 나갔다. 이는 공공도서관 내에 어린이도서관이 제대로 자리를 잡는 데 큰 원동력이 되어 현재까지 이어지고 있다.

지금 벌어지고 있는 어린이식당 운동 역시, 50년 전의 어린이도서관 운동이 만들어낸 기적을 이룰 수 있지 않을까 나는 감히 짐작해본다. 일본 국민들은 '책'에 이어 '밥'으로 관계를 이어가며 혼란스러운 이 시대를 살아낼 힘을 기르고 있는 게 아닐까? 시민 차원에서 시작된 어린이도서관 운동이 공공도서관을 변화, 성장시킨 것처럼 어린이식당은 시작된 지 몇 년 만에 벌써 정부의 복지기관에 영향을 주고 있다.

올해 기타큐슈 시에서는 지자체로는 처음으로 어린이식당을 개설했다. 한부모 가정이나 저소득층 아이들의 학습과 식사 환경을 돌봄으로써 빈곤의 대물림을 막는, 새로운 형태의 복지 정책에 대한 아이디어를 어린이식당이 제공한 셈이다. 최근에는 정부 차원에서 전국의 각 초등학교 근처에 어린이식당을 하나씩 개설하라는 의견도 나오고 있다. 어린이식당 활동가들은 "단 한뼘이라도 사회가 지금보다 나아질 수 있다면 그걸로 충분하다"고 말한다.

우리 가족, 우리 아이 먹여 살리기도 바쁜 세상에 이런 일들을 자기 일처럼 기뻐하는 건강한 시민들이 모인 곳이 어린이식당이다. 그동안 이 활동을 하며 가장 감동적이었던 순간은, 무더운 날 커다란 솥에 끓인 뜨거운 물에 식기를 소독하며 "아이들이 먹을 거니까" 하던 동료 엄마의 한마디였다.

내가 꿈꾸는 부엌육아와 어린이식당

나는 우리 어린이식당에서 조리팀장을 맡고 있다. 아이들과 어른 모두 와아 하며 즐거워할 수 있는 식단을 고민하고 기획할 때가 가장 행복하다. 돈보다는 지혜와 정성으로 아이들을 기쁘게 할 수 있는 일들을 하고 싶다. 음식을 만드는 데는 식재료뿐 아니라 상상력도 필요하다는 것, 신선한 아이디어와 상상력으로 만들어진 음식은 많은 사람을 기쁘게 할 수 있다는 것을 알려주고 싶다.

밥을 먹으러 오는 아이들뿐 아니라 어린이식당을 위해 일하는 사람들도 함께 배우고 나누며 성장해갈 수 있는 식당. 어린이식당이 세상은 아직 살 만하다고 느낄 수 있는 곳이 되길 희망한다. 좀 더 욕심을 부리자면, 한국과 일본을 비롯한 아시아의 부모들이 국제적인 연대를 통해 어린이식당 운동을 함께 시작해보면 좋겠다.

어느 나라 할 것 없이 아이 키우기가 쉽지 않은 세상이 되었고, 앞으로도 수많은 위험이 우리 아이들 곁을 맴돌 것이다. 정치, 이념, 역사적인 무거운 숙제들은 차근차근 해결해가더라도, 지금은 아이들에게 조금 더 나은 세상을 만들어줄 수 있도록 이웃 나라 부모들이 함께 공부하며 지혜를 나누면 좋겠다.

육아는 어마어마한 육체노동과 정서노동이 요구되는 힘든 일이다. 하지만 이 과정을 아이도 어른도 무한대로 성장할 수 있는 기회로 활용할 수도 있지 않을까? 부엌에서 아이를 키움과 동시에 나 자신도 키워온 지난 시간들, 그 시간들이 모여 '어린이식당'이라 공간을 탄생시켰다. 내가 몸이 아플 때 우리 아이들이 가서 따뜻한 밥과 저녁시간을 나눌 수 있는 곳, 내가 나이 들어 할머니가 되어서도 노년의 쉼터가 될 수 있는 곳을 미리 만들어두고 싶었다.

부엌육아에서 시작해 어린이식당으로 오기까지 꼭 15년이 걸렸다. 많은 책을 읽고 머릿속에 많은 지식을 담고 있어도, 나를 변화시키는 구체적인 행동과 실천을 하지 않으면 내 삶에서 변하는 것은 별로 없다. 아이들에게 미안한 일이 있거나 내가 부족한 엄마라고 느껴질 때도 육아책을 찾으며 고민에 빠지는 대신, 아이가 좋아하는 반찬을 하나 더 만들어주는 것이 훨씬 더 낫다. 우리 집 두 아이도, 어린이식당에 오는 아이들도 사는 게 힘이 들 땐 머리보다 몸을 움직이며 자신의 삶을 일으켜 세울 수 있으면 좋겠다.

올해 우리 어린이식당은 신나는 이벤트들로 풍성하다. 중학생 브라스밴드부 아이들이 와서 라이브 콘서트를 해주기로 했는데, 그 밴드부에 우리 큰아이도 포함되어 있다. 15년 부엌육아로 키운 아이가 사회의 부엌인 어린이식당에서 연주를 하게 된 것이다. '자원봉사로 연주해줄 이 아이들을 어떤 음식으로 행복하게 해줄까' 벌써부터 즐거운 고민 중이다.

앞으로도 우리 어린이식당을 새로운 만남과 재미있는 일들이 많이 벌어지는 행복하고 따뜻한 식당으로 꾸려가고 싶다. 처음 부엌육아를 시작했던 그때처럼, 쉬운 것부터 하나씩 하나씩!

아이도 키우고
엄마의 꿈도 키우고

마을극단 밥상 · 문화예술협동조합 아이野

서울 강동구에서 공동육아어린이집을 만들고자 시도하다
어린이집을 따로 만들지 않고 부모들이 마을에서 함께
극단을 꾸리고 문화예술협동조합을 운영하면서
새로운 마을육아의 모델을 만들어가고 있다.

정가람

세 아이 엄마로 도시를 떠돌며 공동체를 찾아 헤매다 마을을 만나고, 접어두었던 꿈을 다시 펴고 있다. 마을극단 밥상을 거쳐 지금은 문화예술협동조합 아이야의 대표로 마을의 문화예술 놀거리 만들기에 팔을 걷어붙이고 있다.

•
•
•

경산남도 산청, 지리산 끝자락, 덜컹거리는 버스도, 구멍가게도 없는 산골 마을, 집이라곤 겨우 아홉 집이 어깨를 맞대고 사는 아주 작은 동네에서 나고 자랐다. 산에서 내려와 다리를 건너 또 산 하나를 끼고 돌아야만 겨우 도착하는 읍내의 학교까지 매일 왕복 두 시간을 걸어 다녔다. 읍내에서 한참 떨어진 산속 마을이라 어릴 적부터 '촌애'라는 꼬리표가 따라 붙었다. 그 촌애가 고등학교 때 인근 도시 진주로, 스무 살엔 서울로 유학을 갔다.

작은 방에 두 명이 함께 생활하는 하숙방을 시작으로 기숙사, 반지하 단칸방, 뒷문으로 드나들었지만 그래도 방 두 칸 전셋집까지 여러 곳을 떠돌다 서른이 넘어 결혼을 하고 처음으로 아파트에 살게 되었다. 결혼을 했지만 여전히 전세집을 떠도는 처지라 어디에 살든 똑같은 낯선 도시였다. 그러나 아이를 낳자 아파트가, 도시가 다르게 다가왔다.

나 홀로 도시육아의 시작

결혼 전, 혼자 살 때는 반지하방이든 의문의 마사지숍이 있는 상가 꼭대기 층이든 다 괜찮았다. 2년에 한 번씩 이사 가는 것도 유목민 기분을 즐기니 재미있기도 했다. 1톤 용달차 하나로 해결되는 자취생 이사는 혼자서도 거뜬한 일이었다. 어디에 살아도 잠시 머물다 가는 동네는 우리 동네가 아니었고, 그것이 오히려 편했다. 2년을 살아도 동네에 내 이름을 아는 사람이 아무도 없는 (집주인마저 몇 호 학생으로 부를 뿐인) 도시의 익명성이 좋았다.

어릴 적 도서관 간다고 나와선 찢어진 청바지로 갈아입고 친구 집에 놀러 간 적이 있었다. 그런 내 모습을 읍내에서 누군가 보고 곧바로 부모님께 전화로 알려 꾸중을 듣던 때와 달리, 어떻게 입고 누구와 뭘 하고 다니든 아무도 상관하지 않는 도시의 삶이 짜릿하기까지 했다.

그러나 결혼을 하고 아이를 낳자 도시가 달라졌다. 그림자처럼 떠도는 것이 편했던 동네의 모든 곳이, 심지어 덜컹거리는 맨홀 뚜껑까지 신경 쓰이기 시작했다. 그러나 나는 여전히 동네에 아는 사람 하나 없는, 동네의 그 누구도 나를 알지 못하는, 5년을 살아도 이사 가는 날 배웅하는 이웃사촌 한 명 없는 전세살이 아기 엄마일 뿐이었다. 하지만 주말에도 문을 여는 소아과와 아기 의자가 있는 식당, 배달되는 생협 매장 전화번호 정도만 손에 넣으니 사는 데 큰 지장은 없었다.

문제는 외로움이었다. 5년 동안 세 아이를 낳아 기르는 통에 거의 아파트에 갇혀 지내다시피 하며 육아만 했다. 언제 어디서든 아이가 원하면 젖을 먹여야 했고, 어디로 튈지 모르는 어린아이를 셋씩이나 데리고 맘 편하게 갈 수 있는 곳은 거의 없었다. 아이 셋이 딸린 나를 불러주는 곳도 없었다. 아이가 여섯 살이 되면 보육기관에 보내기로 했던 터라, 어린이집 버스 떠나면 모인다는 엄마들 모임에도 끼지 못한 채 좁은 아파트에서 세 아이와 씨름하며 보냈던 그 숱한 날들. 돌이켜 생각해도 참 외로운 도시의 한낱 점 같은 날들이었다.

결핍육아, 장난감 없이 살기

이렇게 친구와 이웃 없이 아파트에서만 지내다 보니 아이들과 나는 점점 장난감에 의존해갔다. 물려받은 장난감이 충분했지만 수시로 육아 쇼핑몰에서 보내주는 메일을 그냥 지나치지 못하고 뭔가에 홀린 듯 장바구니에 담고 몇 날 며칠 고민하다(이렇게 고민하는 시간에 아이들과 함께 놀 걸, 이제야 후회가 되지만) 육아시장의 덫에 걸려 결제를 해버리곤 했다. 작은 놀이방이 딸려 있어 아이들을 데리고 가도 눈치 받지 않는, 구청에서 운영하는 장난감 대여점에도 매주 드나들었다. 그러던 어느 날 예기치 않은 곳에서 경고등을 만났다. 친정나들이를 한 어느 날이었다.

"요즘 애들은 말만 하면, 아니 말도 하기 전에 뭐든 다 이뤄지니 부족한 게 하나도 없네. 이런 애들이 자랐을 때를 생각하니 참 아찔하구나."

아이들에게 정신없이 밥을 먹이고 있는 순간 옆에서 들려온 친정아빠의 말씀에 정신이 번쩍 들었다. 과하지 않게 키워야지 하면서도 부족함 없이 키우고 있었다. 내 어린 날과 지금을 짚어보았다. 어린 시절의 난 하루 하나씩 허락되는 과자를 하루 종일 아껴 먹었고, 장난감이 거의 없어 산과 들의 나무와 열매, 돌, 흙을 갖고 놀았다. 지금의 우리 집을 보니 집안 곳곳 먹다 만 과자가 굴러다니고, 사놓고 읽어주지 않은 그림책은 쌓여가고, 장난감 상자는 넘치다 못해 정기적으로 버리기까지 하는 실정이었다. 지금처럼 아이들이 자란다면 결핍에서 오는 간절함과 누리고 있는 것에 대한 소중함을 과연 얼마나 알까? 바라던 바가 이뤄지지 않을 때 오는 불만과 불안, 좌절을 극복해낼 힘을 스스로 기를 수 있을까 걱정이 되기 시작했다.

친정아빠의 말씀을 떠올리며 더 늦기 전에 육아 환경과 방법에 대한 중간점검을 해보기로 했다. 의도한 '결핍'을 통해서! 아이들은 부족함이라는 '결핍'을 통해 소중함을 배우며 스스로 자라날 것

장난감이 사라지고 비어버린 공간에서
아이들은 생활의 모든 것을 갖고 놀았고,
그마저도 없는 곳에선 오직 상상력만으로
뒤엉켜 무수한 역할놀이를 만들어냈다.

이고, 나는 바쁘고 힘들다는 핑계로 아이들에게 얼마나 많은 변명을 하고 있었는지 돌아보는 기회가 될 것 같았다. 그 첫 시도가 '장난감 없이 살기'였다.

눈만 뜨면 보이던 장난감이 사라지면 울고불고 야단이 날 줄 알았는데 웬걸, 처음부터 장난감이 없었다는 듯 아이들은 자기들끼리 아주 잘 놀았다. 장난감을 없애면서 동시에 거실과 베란다 등에 공터의 개념으로 빈 공간을 만들어냈다. 장난감이 사라지고 비어버린 공간에서 아이들은 생활의 모든 것을 갖고 놀았고, 그마저도 없는 곳에선 오직 상상력만으로 뒤엉켜 무수한 역할놀이를 만들어냈다. 아이가 셋이니 서로를 의지하며 장난감의 빈자리를 채워나간 것이다.

'장난감 없이 살기'가 꽤 괜찮은 결핍육아의 방법임을 확인한 후 주입식 교육의 시간도 없애고 최소한의 소비를 지향하면서 '사교육 없이', '외식 없이', '과자 없이', 'TV 없이', '스마트폰 없이', '엄마 없이' 등 간헐적으로 다양한 '없이 프로젝트'를 실행하며 지내고 있다. 몸이 조금 고생스럽고 남들 다 하는데 내 아이만 안 해도 되나 하는 불안에서 과감히 벗어나, 자본이 만들어낸 육아시장 대신 스스로 선택한 '결핍육아'는 아이들에게는 자율성과 의지를, 부모에겐 아이와 함께하는 일상의 소중함을 일깨워주었다.

불과 몇 년 전인 첫아이 때보다 육아용품 시장은 훨씬 더 커졌고, 아이와 부모 마음을 사로잡는 다양한 육아용품은 점점 화려하고 비싼 제품으로 쏟아져 나오고 있다. 그러나 아이들이 자라는 데 그렇게 많은 것이 필요치 않다는 걸 경험으로 알게 되었다. 외로운 도시의 '나 홀로 육아'와 어느새 육아마저도 경쟁이 되어버린 바쁜 일상은 소비지향적인 육아시장을 키웠고, 우리도 모르는 사이에 자본에 휘둘리게 되었다. 누군가의 입장에선 이마저도 분에 넘치는 말이겠지만, 의도한 '결핍'을 통해 터득한 삶의 지혜가 아이들이 살아가면서 겪게 되는 좌절의 순간에 힘이 되었으면 좋겠다.

놀이터 탈출, 친구 찾아 동네 한바퀴

여러 방법으로 육아시장의 유혹을 이겨내긴 했지만 첫째가 다섯 살이 되자 아이는 조금 더 넓은 세계를 궁금해했다. 화려한 육아시장의 그 무엇으로도 대신할 수 없는 또래 친구가 필요해진 것이다. 친구와 이웃은 달리 말해 나와 내 아이가 어디에 사는 누구인지 아는 사람들이다. 아이 하나를 키우는 데 마을 하나가 필요하다는데, 우리 가족이 사는 동네에 내 아이들을 아는 사람이 없다는 것은 무척 큰 불안함으로 다가왔다. 배고프면 아무 집에나 들어가 밥을 먹어도 됐던 내 어린 날 시골 마을과 같을 순 없겠지만, 아이가 넘어져 울고 있을 때 아이 손을 잡아준 이웃은 필요했다.

궁여지책으로 둘째가 태어나면서 사표를 냈던 놀이터 출근을 다시 시작했다. 놀이터에 사표를 냈던 데는 여러 이유가 있었다. 정해진 놀이방식으로 놀아야만 안전한 놀이터는 자전거와 인라인을 타는 큰 아이들과 이제 막 걸음마를 시작한 아이들이 뒤엉켜 있어 위험한 공간이었다. 같은 아파트 엄마들의 친교와 정보 교류의 장이기도 했지만 아파트 브랜드와 빌라와 주택 사이를 구분 짓는 공간이 되어 묘한 집단성을 형성하고 있었다. 4년 반을 살도록 반찬 그릇을 들고 왕래하는 이웃이 거의 없다 보니 놀이터 엄마들 무리에 끼지 못한 채 놀이터를 부유했다. 게다가 여름이면 더 심해지는 놀이터 바닥의 우레탄 냄새와 바람 막을 곳 없는 겨울철 놀이터의 냉기도 견디기 힘들었다. 시간이 지날수록 놀이터는 더 바늘방석이 되었고 결국 놀고 싶어 하는 아이의 욕구를 누르고 사표를 내고 말았다.

그러다 남편의 이직으로 서울의 반대편 동네로 갑자기 이사를 하게 되었다. 5년 동안 살았던 아파트에서 새 동네로 이사를 오자 그나마 몇 있던 동네 친구도 없고, 새 동네 아이들은 어린이집, 유치원, 문화센터, 학원 다니기에 더 바빴다. 친구 없는 놀이터는 잠시 온몸의 근육을 쓰며 노는 곳일 뿐, 삼남매가 함께 나와도 미끄럼틀 한두 번 미끄러지고 나면 "재미없어, 심심해" 하며 끝나버렸다. 친구 타령을 하는 아이들의 불만과 나의 쓸쓸한 벤치 신세를 벗어날 대안이 필요했다. 변두리 동네의 장점인 가까운 산과 강이 떠올랐다. 그래, 놀이터를 탈출해보자.

"얘들아, 우리 탐험놀이 가자!"

탐험가가 꿈인 네 살 둘째가 제일 먼저 환호성을 질렀다. 첫째는 공주 모자를 쓰고 씽씽이를 타고 가겠다며 야단이었다. 뭔지도 모르면서 누나와 형이 소리를 지르자 무조건 따라하고 보는 두 살 막내도 팔짝팔짝 뛴다. 물 한 병과 간단한 간식거리를 챙겨 다 같이 길을 떠났다. 길이 조금 험하긴 해도 유모차도 거뜬히 넘을 수 있는 아파트 단지 사이의 낮은 산으로 향했다.

뒷산에 도착하자 삼남매는 나뭇가지 하나씩 주워 들고 다람쥐처럼 산을 누비기 시작했다. 어릴 적 산에서 '좀 놀았던' 경험을 되살려 아이들에게 산에서 누릴 수 있는 소소한 재미도 나눠주었다. 산을 넘으면 생활협동조합 매장이 있어 찬거리도 사고, 더운 날엔 아이들에게 주스도 하나씩 안겨주며 산책의 즐거움을 더했다.

늦여름에 시작한 동네 산책은 한파가 몰아치는 날에도 하루도 거르지 않고 계속 이어졌다. 일 년 가까이 돌봤던 유기견까지 일행이 되면서 산책은 지금까지 중요한 일과로 자리 잡았다. 걸으면서 익힌 동네는 새롭게 다가왔다. 차로 스쳐 지나갈 때는 보이지 않던 동네의 다양한 얼굴들을 길 위에서 만났다. 나도 잘 모르는 동네인데, 나와 아이들을 알아봐달라고 기다리고만 있었다니! 놀이터라는 갇힌 공간에서 탈출해 골목과 골목, 모퉁이에서 모퉁이로 연결되는 길을 걸어 동네를 알아갔다. 우리가 동네를 알아가는 만큼 동네도 우리 가족들을 익혀주길 바라는 마음으로. 그렇게 우리만의 산책 코스가 보물처럼 쌓였다.

산책은 힘을 기르는 시간이었다. 막내까지 두어 시간 거뜬히 걸을 수 있는 다리 힘을 기르게 된 동시에, 새로운 세계를 스스로 찾아가는 힘이 생겼다. 도시의 이면에 숨어 있던 나도 더 이상 이웃을 기다리지 않고 찾아갈 수 있는 용기를 내게 되었다. 친구가 필요해 나온 바깥세상, 잠시 걸음을 멈추고 문을 두드렸다.

공동육아어린이집 도전기, 저마다 다른 필요

때마침 첫째의 보육기관을 결정해야 할 시기가 되었다. 결혼 전 스치듯 본 성미산 마을의 공동육아어린이집이 떠올랐다. 우리가 사는 지역구에도 한 곳이 있었지만 그나마 넓은 터전을 찾아 인근 소도시로 이전했고, 대기 아이들 수가 어마어마했다. 그때 들려온 소식, 공동육아어린이집 개원을 목표로 진행 중인 초동 모임이 있다는 것이다. 예전 같았으면 모르는 집단을 찾아가는 것이 내키지 않았을 텐데, 동네 산책하듯 아이 셋과 함께 척척 안으로 걸어 들어갔다.

협동조합 방식으로 운영되는 어린이집이다 보니 무수한 교육을 받아야 했고, 다수결이 아닌 만장일치의 의사결정을 이뤄내기 위해 숱한 회의와 스터디를 견뎌내야 했다. 경제적으로 부담이 되는 출자금은 어느 정도 타협이 되었지만, 재건축난에 전세난까지 닥쳐 터전 구하기에 난항이 계속되었다. 결국 초동 모임은 아이들의 유치원 추첨 시기와 맞물려 8개월 만에 해산하고 말았다.

그동안 구성원들 사이에 벌어지는 틈을 눈치채지 못한 건 아니다. 일을 진행하다 보니 서로 생각하는 공동체의 모습이 조금씩 달랐고, 육아관도 처음엔 비슷한 듯 보였지만 막상 함께해보니 많이 달랐다. 어느새 우린 '왜'란 질문 없이 '어떻게'에만 골몰하고 있었다. 컨설팅도 받고 같이 공부도 했지만 막연히 일반 보육기관과는 다른 (뭔가 있어 보이는) 공동육아어린이집에 보내면 좋겠다는 생각만 두루뭉술하게 모아 '6개월 뒤 개원'이라는 촉박한 목표를 향해 정신없이 달리기만 했던 것이다.

이후 둘째, 셋째를 위해 다시 초동 모임을 꾸렸지만 처음과 비슷한 이유로 중도에 무산되고 말았다. 돌아보니 결국 근본적인 문제는 서로 다른 필요와 열망이지 않았나 싶다. 공동육아가 필요한 이유가 저마다 달랐고 그를 통해 이루고 싶은 열망도 차이가 있었다. 나만 해도 이미 첫째가 병설유치원에 별 탈 없이 다니고 있었고, 어느새 익숙해진 동네는 마을로 확장되어 나름의 공동체를 이루어 좋은 이웃에 대한 절실함을 풀고 있었다. 꼭 '공동육아어린이집이어야 한다'는 동기가 사라지자 모임의 동력도 사라지고, 두 번째 모임을 발전시키기 위한 노력을 처음보다 덜한 것이 사실이었다.

마을육아의 시작, 작은 도서관을 만나다

처음에는 공동육아어린이집만이 '정답'인 것 같은 생각에서 자유롭지 못했으나 협동조합 결성에 두 번이나 실패하는 과정을 통해, 형식이 중요한 게 아니라는 걸 깨달았다. 육아에서 중요한 건

'어떤 마음으로 아이를 키우고, 어떻게 아이와 시간을 함께 보낼까'에 있었다.

공동육아어린이집이라는 목표에는 이르지 못했지만 삼남매는 매일 부지런히 산책을 했고, 그 산책길에 시장 골목의 작은 도서관을 만나 이웃사촌들과 수시로 어울려 즐거운 오후를 보내게 되었다. 상업적인 육아시장, 외로운 도시육아의 대안으로 찾았던 '공동육아'의 가치를 '마을살이'를 통해 조금씩 이루게 된 것이다.

아이를 함께 키울 수 있는 공동체가 필요해 두드렸던 '공동육아어린이집'의 문은 '마을'이라는 더 큰 울타리로 돌아왔다. 그동안 산책길에 만난 '동네'와는 조금 다른 '마을'이었다. 사전적 의미로는 비슷하지만 그동안의 경험으로 굳이 구분을 해보자면, 동네보다 마을이 좀더 큰 느낌이랄까. '마을'이라는 단어 뒤엔 '울타리'라는 단어가 뒤따라오며 조금 더 든든한 연대의 느낌이 든다.

마을의 울타리로 들어가는 데는 시장 골목에 있는 작은 도서관 '함께크는우리'(이하 '함크')가 큰 역할을 했다. 20년 동안 시민회와 도서관을 이용하는 엄마들의 힘으로 운영하는, 누구에게나 열린 도서관이었지만 이미 그들만의 관계가 이루어져 있어서 그 틈 사이를 비집고 들어가기가 쉽지만은 않았다. 전학생 같은 어색함이 있었지만, 자주 드나들며 가벼운 눈인사를 차 한 잔으로, 밥 한 끼로 이어가고 도서관 행사에 자원봉사로 참여하면서 함께하는 시간을 2년 정도 갖다 보니 '그들만의' 도서관이 자연스럽게 '우리' 도서관이 되었다. 규칙적인 모임이나 특별한 약속이 없어도 자유롭게 도서관에 모여 책을 보고 때가 되면 함께 밥상을 차리고, 부모들의 자발적인 참여로 방과후 교실을 꾸리는 자연스러운 '마을육아'가 이루어졌다.

'나와 내 아이'를 위해 찾은 도서관에서 이웃을 만나기 시작하면서, 작은 도서관은 동네의 크고 작은 일까지 함께 나누는 사랑방이 되었다. 몇 년을 살아도 낯설기만 하던 도시는 함크 가족들이 사는 골목들로 이어져, 강동구 안에서는 우리 아이들이 길을 잃고 헤매도 누군가는 우리 아이의 이름을 불러주겠지 하는 안도감과 함께 우리 마을이 되어갔다. 놀이터 대신 산책으로 일상의 놀이를 찾고, 그 길에서 만난 도서관에서 함께 크는 이웃들 덕분에 '함께 크는 아이, 더불어 성장하는 어른'이라는 공동육아의 가치를 공동육아어린이집이 아닌 곳에서도 구현할 수 있음을 깨닫게 되면서, 또 하나의 길을 찾은 느낌이다.

마을극단 밥상 – 동네에서 내 꿈을 꺼내다

아이의 이웃보다 나의 이웃이 더 절실했던 외로움의 해결책을 마을공동체에서 찾고 나니 아이들에게 비칠 나의 모습이 숙제로 다가왔다. 젖먹이 아이가 어느새 훌쩍 자라 혼자 밥을 먹고 잠을 자게 되었다. 일차적인 돌봄을 넘어 아이들에게 물려줄 무언가를 고민해야 할 때가 된 것이다.

내 유년의 뜰을 되새겨 보았다. 친정집 길고 좁은 마루를 굴러다니며 라디오에서 흘러나오는 얘기를 머릿속으로 상상하거나, 바람에 따라 변하는 구름 모양을 보면서 제멋대로 이야기를 지어내곤 했던 기억이 떠올랐다. 시작도 끝도 없는 그냥 단편적인 이야기 조각들이 대부분이었지만 마루에서 혼자 보냈던 그 시간의 햇살과 따뜻했던 공기는 아직도 손끝에 잡힐 듯하다. 평생에 남을 명작처럼. 이야기의 따뜻한 공기로 가득 찼던 유년의 기억이 되살아나자 그 기억을 아이들에게도 주고 싶어졌다.

아이들에게는 '놀이와 이야기가 밥'이라는데 놀이는 마을에서 찾았으니 이제 남은 건 이야기. 게다가 나는 엄마이기 이전에 이야기를 짓는 극작가이다. 둘째를 낳고도 일 년에 한두 작품 대본을 썼었다. 그러나 셋째를 낳은 후 아이를 업고 쓰던 글은 육아에 점점 밀려 설 자리를 잃어갔다. 극작가보다 세 아이의 엄마로 더 바쁘게 지내야 했다. 막내가 다섯 살이 되면 어린이집에 보내고 다시 복귀해야지 하며 시원섭섭한 마음으로 잠정 휴식기에 들어갔던 극작가로서의 나.

그런데 마을에서라면 아이들과 함께 더디고 소박하지만 다시 내일을 할 수 있을 것 같았다. 더구나 아이들을 키우는 데 꼭 필요한 이야기! 그 이야기를 만들어 무대에 올리고, 그 무대가 다시 일상의 놀이로 바뀌는 과정을 아이들에게 보여주고 싶어졌다. 정식 극장이 아닌 일상의 공간에서 육아와 함께 키운 무대를 마을과 나누는 일. 생각만으로도 따뜻했다. 이런 열망은 여러 마을살이와 협동

미을극단 밥상이 더준 이야기 물꼬는
마른 논을 가득 채우듯 아이들의 마음을
채워주었고, 그 마음은 다시 엄마들에게
따뜻한 위로로 돌아왔다.

조합 사례를 교육으로 접하면서 용기로 자라났다.

집에서 혼자 이야기를 짓고 아이들을 위해 작은 무대를 만들 수도 있었지만, 공동체의 힘을 더해 마을에서 함께 아이들을 키우는 엄마들이 모인다면 더 멋진 선물이 될 것 같았다. 아이들에게도 나에게도 '꿈을 나눌 수 있는 친구'라는 값진 선물까지 덤으로 받으며 말이다. 그래서 지역 사람들이 모여 있는 온라인 카페에 "동네에서 우리끼리 공연 한 편 만들어보는 거 어떨까요?" 하고 운을 띄워보았다. '애들 키우기도 바쁜데, 먹고살기도 바쁜데 공연은 무슨' 하며 반응이 없을 줄 알았는데 생각보다 많은 엄마들이 적극적으로 반응해주었다.

육아 때문에 공연 현장을 떠나 있는 엄마들부터 육아에 매여 있던 자신의 이름과 자유를 되찾고 싶은 엄마들까지 하나둘 모였다. 다재다능한 엄마들이 마을의 울타리 안에 모여 아이 얘기가 아닌 내 이야기, 아직도 꾸는 나의 꿈을 나누기 시작했다.

그러나 현실은 만만치 않았다. 어린아이들을 업고 젖을 먹이고 기저귀를 갈아대느라 대본 한 번 제대로 읽기 힘든 상황이었다. 아이들이 재미있게 볼 수 있는 작품을 한다면 여러 가지 문제가 해결될 것 같아 우리 옛이야기에서 다시 출발하기로 했다. 엄마가 차린 밥상처럼 소박하지만 정성이 깃든 공연을 꿈꾸며 '마을극단 밥상'이라는 이름을 지어 붙였다.

그동안 육아에 내 일과 꿈을 저당 잡혔다 생각하고 조금은 억울하게 보낸 시간이었는데 그 시간 덕분에 가슴 따뜻한 '마을극단 밥상'의 첫 공연을 올릴 수 있었다. 마을극단 밥상이 터준 '이야기 물꼬'는 마른 논을 가득 채우듯 아이들의 마음을 채워주었고, 그 마음은 다시 엄마들에게 따뜻한 위로로 돌아왔다.

마을 속 예술공동체, 아이野

마을극단을 중심으로 마을의 크고 작은 문화예술 행사에 참여하며 폭을 넓혀가다 보니 조금 더 욕심이 났다. 현장의 치열한 부담 없이 편하게 마을에서 무대를 만드는 일도 재미있었지만, 마흔이 되는 2017년으로 계획해둔 복귀에 대한 조바심이 자꾸만 고개를 들었다. 마을 사람들과 함께하는 생활예술의 양적인 성장도 의미가 있지만, 개인의 예술적 성숙도 이루고 싶었다.

마을에서 보낸 햇수가 늘어나면서 마을에 살지만 마을에서 활동하지 않는 다양한 예술가들을 꼬리에 꼬리를 물고 알게 되었다. 이들을 마을에 소개하는 '우리동네 골목예술제'를 기획하며 보다 성숙한 문화예술의 가능성을 확인했다. 생활예술의 저변 확대만큼 수준 있는 공연을 마을에서 편하게 즐기고 싶은 사람들의 열망은 생각보다 컸다. 아이의 부모로만 존재하는 마음에서 자신의 존재를 드러내는 일에 거부감을 가졌던 예술가들도 일상과 예술이 만나 이뤄내는 편안한 즐거움에 마을의 울타리 안으로 들어왔다.

마을과 예술의 울타리 안에 있지만 도서관 동아리인 마을극단은 직업극단으로의 발전에 한계가 있었다. 고심한 끝에 친정 같은 마을극단 밥상을 떠나 지역 예술가들을 중심으로 '문화예술협동조합 아이야野'라는 새 조직을 꾸렸다. 큰 극장으로 보란 듯이 복귀하고 싶은 마음도 있었지만, 꼬물거리는 아이와 함께 만났던 마을의 소소한 마당에 자꾸만 마음이 쓰였다. 일상에서 만들어내는 이야기와 무대의 소중함을 알기에 다시 마을 속에서 시작하기로 했다.

나처럼 육아로 인해 잠시 쉬어야 했던 예술가들과 육아와 예술 활동을 병행해야 하는 지역 예술가들을 발굴하고 그들과 연대하는 예술공동체가 조직된다면 마을소극장, 마을출판사, 마을예술센터 등 무한한 상상력이 마을을 더욱 넓힘과 동시에 깊이도 더할 수 있지 않을까? 2015년 마을극단 3년차에 기획했던 '마을이 무대, 마을이 학교'를 다시 생각해본다. 마을 어디에서나 공연을 올리고 마을 어디에서나 배울 수 있는 터전을 만들고 싶은 마음을 담았었다. 이웃과 공동체를 찾아 기웃거렸던 마을에서 이젠 좀더 구체적으로 예술공동체의 꿈을 꾸며 나와 아이들이 마음껏 뛰어놀 수 있는 들판 '아이야'를 만들어가 본다.

일상에서 만난 마을, 어쩌면 마을의 진정한 처음

첫째의 초등학교 입학으로 또 하나의 마을을 만났다. 여전히 전세살이지만 소원하던 마당이 있는 주택으로 이사를 가면서 물리적인 환경의 변화로 새롭게 만난 마을이다. 예전 아파트에서 7킬로미터 떨어진 같은 지역구 안이었지만 생활권이 바뀌었다. 걸어서 20분이 걸리던 함크가 버스로 20분이나 걸리는 거리로 멀어져버린 것이다. 함크를 터전 삼아 활동하던 마을극단 밥상마저 문화예술협동조합 아이야로 옮겨가면서 함크는 심적으로 더욱 멀어졌다.

대신 첫째가 동네 초등학교에 입학하고, 둘째가 구립 어린이집에 들어가면서 예전보다 더 많은 일상을 마을과 공유하게 되었다. 새로 이사한 동네의 강가와 뒷산, 시장으로 산책 코스가 바뀌고 그 길에서 첫째와 둘째의 친구들이 새로운 마을이웃으로 등장했다. 함크에 가야 만날 수 있었던 이웃들을 이젠 길 위에서 오며가며 수시로 만난다.

공동체를 이루며 함께했던 함크의 마을육아와는 또 다른 마을육아, 그 시작은 첫째의 반 모임이었다. 입학 후 얼마 지나지 않아 생일파티 참석 여부 연락이 왔다. 동네 아이들이 수시로 친구 집에 놀러 가고 동네 공터에서 해가 지도록 놀던 예전과 달리 하교 후 학원 가느라 바빠 같은 아파트에 살아야 그나마 얼굴이라도 보는 시대가 되어버렸다. 소문이 무성한 생일파티가 내키진 않았지만 이렇게라도 반 모임에 나가지 않으면 아이의 친구들을 만날 일이 없을 서 같아 불편한 마음을 숨기고 자리에 나갔다.

다행히 생일파티는 소문처럼 키즈카페를 통으로 빌린다거나 출장뷔페를 부르지 않고 동네 놀이터에서 김밥, 떡볶이, 과자 등으로 조촐하게 진행되었다. 학교가 아닌 곳에서 반 친구들과 처음 만나 놀게 된 첫째는 무척이나 상기되었고, 따라온 두 동생들도 다른 동생들과 함께 즐거운 한때를 보냈다.

누구의 엄마 외엔 자신의 이름도, 직업도 그 무엇도 존재하지 않는 엄마들끼리 모여 앉는 것이 처음엔 어색하기도 했지만 모두가 같은 입장이라 편하기도 했다. 그렇게 얼굴을 익힌 엄마들과 서서히 동네에서 함께 아이를 키우는 이웃이 되어갔다. 거점이 되는 공유공간이 없어도 마을버스에서 만나고 시장에서 만나고 동네 소아과에서 수시로 만나 반가운 인사를 건네며 쌓아가는 이웃 간의 정은 한 동네에서 일상을 함께 살아내는 위로와 힘으로 다가왔다. 각자의 가치관과 육아관이 다른 게 한눈에 보였지만 그건 중요하지 않았다.

본디 마을공동체란 이집 저집 모여 살며 오다가다 보니 생겨난 이웃 간의 정이 그 토대다. 서울을 중심으로 도시이민자들이 급증하고 익명으로 무장한 거대 도시가 휘청거리자 대안으로 찾은 것이 '마을공동체 만들기 사업'이다. 마을사람들끼리 더 재미있게 살기 위해 이런저런 꿍꿍이를 만들어낸 것이 아니라 마을을 만들어내기 위해 사업을 계획하고 이웃을 조직해야 하는 불편한 진실. 한낱 도시의 '점'으로 존재했던 내가 마을공동체를 만나 '선'이 되고 다시 꿈을 꾸며 '면'으로 진행 중이지만 늘 무언가 아쉬웠다. 그 아쉬움을 한 동네에서 함께 아이를 키우는 '보통' 이웃들과 일상의 정을 쌓아가면서 채울 수 있었다.

함께 크는 우리

어느덧 첫째가 아홉 살, 나도 엄마 경력 9년째에 접어들었다. 아파트 감옥에 갇힌 것처럼 답답하고 외로웠던 젖먹이 육아의 시간이 끝났다. 육아시장에서 벗어나기 위해, 답답한 놀이터에서 탈출하기 위해 아이들과 함께 무작정 동네를 걸었다. 길모퉁이에서 작은 도서관이라는 사랑방을 만나, 공동육아어린이집이라는 정답이 아니어도 충분히 따뜻한 마을육아를 함께했다. 육아로 인해 보류했던 내 일도 마을을 만난 덕분에 아이와 함께 키워갈 수 있는 대안을 찾았다.

산골 동네의 오래된 공동체와 달리 뭔가를 기획하고 조직하여 이루어내는 도시의 마을은 낯설기도 했지만 그만큼 흥미로웠고, 상상하는 만큼 시도할 수 있는 기회를 얻었다. 덕분에 어느 순간 마을사업지기가 되어 있기도 했고, 엄마 공연자라는 애매모호한 이름에 자부심을 느끼기도, 자괴감을 느끼기도 했다. 소모전 같은 고비도 있었지만 아이가 자라면서 평범한 일상을 함께 나누는 이웃들에게서 다시 힘을 얻었다.

2017년 나의 마을 입문기는 1단계를 지나 이제 2단계로 진입한다. 4년 전 처음 마을의 울타리 속으로 들어왔을 때, 막내가 생후 6개월 젖먹이였다. 그 젖먹이가 마을에서 만난 이웃들의 응원 속에 걷고 기저귀를 떼고 다섯 살이 되었다. 나 역시 그렇게 마흔이 되어 마을을 기반으로 사회에 복귀한다. 처음엔 극작가의 일을 이어나가기 위한 대안으로 선택한 마을이었지만 이젠 마을의 일상이 조금 더 즐겁기를 바라는 마음으로 함께 놀 수 있는 재미난 거리들을 궁리 중이다.

  아이를 특별하게 키우고 싶었던 적도 있었지만, 아이는 한두 번의 특별한 경험보다 매일 반복되는 소소한 일상의 묵묵한 힘으로 자란다는 것을 마을에서 배웠다. 크게 주목받지 않아도 오래도록 자리를 지킨 구멍가게처럼 노래와 이야기를 지어 마을과 나누는 모습을 아이들에게 보여주고 싶다. 그 노래로 마을의 하루가 즐겁기를, 그 이야기로 아이들의 미래가 풍성해지기를, 그런 마을 안에서 우리 모두가 함께 자라기를!

돌봄 공유지를 만드는 마을기업, 엄마친구네

엄마친구네

아이를 다 키웠거나 다른 아이를 돌볼 여유가 있는 엄마들이 젊은 엄마를 지원하는 돌봄 네트워크. 집을 방문해서 돌보기도 하고 자기 집을 개방해서 아이들을 함께 돌보기도 한다. '좋은터'라는 사회적 기업 형태로 시작해 경기도 군포, 과천 지역으로 확산되고 있다.

권연순

사회적기업가. 군포시 마을기업 (주)좋은터와 비영리단체 '좋은터를 만드는 사람들' 대표와 군포시 윙^{wing} 장애인보호작업장 운영위원장을 맡고 있다.

사회적 돌봄에 눈을 뜨다

    2012년 12월 3일은 쉰 살이 된 내가 '사회적 돌봄'의 중요성을 체감하고 꿈 같은 일을 시작한 날이다. 마흔 살에 마흔네 살 남편을 만나 2주 만에 결혼하고, 일 년 후 아이를 출산했다. 사회복지 시설에서 일하다 워킹맘 생활을 시작했지만 다행히도 시부모님이 많이 도와주셔서 처음엔 '양육'이라는 과업이 얼마나 버거운 일인지 잘 알지 못했다. 더욱이 아들도 순한 편이라, 무엇을 사달라고 떼를 쓰거나 주변 사람들이 눈살을 찌푸리는 행동을 하지 않았다. 그 낭시 나는 '우리 아이는 엄마 아빠를 도와주는 아이'라고 떠들고 다녔다.

    그렇게 무늬만 워킹맘으로 살아온 지 십 년, 낮에는 노인 일자리 사업 기관장으로 일하고 밤에는 사회적기업에 대한 공부를 시작해

졸업 논문을 준비하던 시기였다. 그날을 잊을 수가 없다. 떼 한 번 쓰지 않던 아이가 "엄마! 교회 방과후 가기 전에 나도 다른 아이들처럼 집에 들르고 싶어!" 하는 게 아닌가. 가끔 아이가 방과후 수업에 가기 싫다고 말하면 나는 "그래, 그럼 친구들하고 놀아" 하고 흔쾌히 허락했다. 그러면서 속으로 '난 아이를 닦달하지 않는 엄마야!' 자위하곤 했는데, 그날 아들의 말을 듣고 '그동안 아이가 많이 아팠구나!' 하는 생각이 들었다. 아이가 나에게 자기 생각을 말한 건 처음이었다. 아니, 어쩌면 늘 자기 생각을 말했을 텐데 내가 내 생각에 빠져서 못 들었던 것인지도 모른다. '이게 아닌데' 싶으면서, 그동안 부모인 우리가 아이를 돌본 것이 아니라, 아들이 우리를 돌봐주고 있었구나 싶었다.

잠시 숨을 고르며 돌아보니 아이가 열 살이 될 때까지 엄마보다 할머니 품에서, 집보다 선교원, 학교, 방과후 교실에서 지낸 시간이 더 많았다. 늦은 밤 책 읽어주면서 졸다가 책을 떨어뜨린 일, 우유병을 물린 채 함께 잠들 때가 많아 아이 이가 다 삭아서 치료받느라 고생시킨 일, 한쪽 눈이 원시인지도 모르고 지내다 초등학교 3학년이 되어서야 교정에 들어간 일, 이사를 한 후에도 내 직장 근처의 학교와 방과후 교실을 다니게 한 일이 머릿속을 스쳐갔다. 급한 일이 생기면 바로 달려갈 수 있으니까 이게 다 아이를 위한 일이라고 생각했는데, 생각해보니 잠시라도 자기 집에서 편하게 뒹굴지 못했던 아이에게는 좋은 선생님과 친구들이 있다 해도 그 생활이 '공적 생활'이었겠구나 싶었다.

나이 쉰에, 나는 25년간 일했던 직장에 사직서를 냈다. 이제라도 나 자신과 아이와 남편을 돌봐야겠다고 결심한 것이다. 아들의 학교를 집 가까운 곳으로 옮기고, 처음으로 출근하는 남편과 학교에 가는 아이를 배웅하면서 "잘 다녀오세요", "잘 갔다 와!"라고 말했다. 몇 마디 안 되는 이 말을 하는데 얼마나 감사하던지. 그동안 출근시간에 쫓겨 아이를 학교 앞에 배달하듯 살아온 것은 아닌지 뜨끔했다.

직장을 그만둔 내게 여든이 넘으신 시어머님은 "에미야. 그동안 수고 많았다. 이제 좀 쉬어야지" 하셨다. 무늬만 엄마였던 내 양육의 과업을 대신 맡아주셨던 어머님. 그런 어머님의 위로의 말씀을 들으며 아이뿐 아니라 쉰 살 넘은 며느리까지 돌봐주시는 어머님의 마음에 감사했다. 직장을 그만두었지만 여전히 필요한 부분을 채워주시려는 어머니의 돌봄을 받으면서 나는 회복과 나눔을 구상하게 되었다.

그때부터 본격적인 고민이 시작되었다. 내가 하고 싶은 일은 무엇일까? 그 일이 내가 할 수 있는 일일까? 50세가 넘어 시작하려는 이 일이 사회적으로는 어떤 의미가 있을까? 무엇보다 내 가정과 다른 가정 모두에게 유익하려면 어떤 일을 해야 할까? 무슨 일을 하게 될지는 모르지만 '좋은터'라는 기업 이름이 먼저 떠올랐다. 좋은 일을 나누고 베풀면 후대에 좋은 기반을 만들어줄 수 있을 거라는 생각에, 서로 유익한 일을 하고 싶은 마음을 품고 구체적인 구상을 해나가기 시작했다.

사람 중심의 마을기업을 만들다

직장생활 하느라 아이를 제대로 보살피지 못했던 내 경험을 돌아보며 '나는 제대로 못했던 일들을 많은 전업주부들은 훌륭하게 잘하고 있었구나' 하는 생각이 들었다. 사실 누구나 하는 듯하지만 양육과 보살핌은 상당한 전문성을 요하는 일이다. 집에 있는 엄마들이 그 전문성을 살려 경제적으로도 도움을 받고, 나처럼 직장생활 하는 엄마들도 안심하고 아이를 맡길 수 있는 환경을 만들면 어떨까 싶었다.

처음 일을 계획하면서 여러 통계자료와 여성정책연구원 논문 같은 것을 찾아 읽었는데, 연구기관에서 작성한 제안서들은 '아이들을 이렇게 돌보면 좋겠다'는 공급자 입장에서 한 연구 내용이 많았다. 그래서 나는 '돌봄을 받는 아이들 입장에서 더 좋은 방법'이 뭔지 찾기 시작했다. 그러면서 아이를 돌봐줄 사람이 필요한 엄마와 아이를 돌봐줄 수 있는 엄마가 서로 협력하면서 마을의 아이, 즉 우리 아이를 함께 돌보는 인격적인 네트워크 공동체가 필요하다는 생각이 들었다.

'좋은터'라는 이름의 상법상 주식회사를 만들고 수익의 70퍼센트를 지역사회에 환원하겠다는 정관을 담아 드디어 '엄마친구네'라는 돌봄 네트워크를 만들었다. 양육의 경험을 서로 교환하면서 '돌봄, 경력 단절'이라는 사회적 과제를 해결하고자 하는 미션에 공유경제 개념을 보탰다. 도시에 흔하디흔한 아파트라는 사적 공간을 하루 중 서너 시간 사회적 공간으로 활용하면서 기관이나 시설과는 다른, 내 집과 유사한 환경에서 '서로 돌보는' 관계를 맺자는 것이었다.

엄마친구네가 처음 문을 연 군포시의 경우 주거 형태의 76퍼센트가 아파트다. 80년대까지만 해도 아파트를 짓는 것 자체가 목적이었지만, 이제는 이미 만들어진 이 공간들을 어떻게 사회적 공간으로 쓸 수 있을지를 고민해야 할 때라고 생각했다. 이것이 '평소에는 내 집이지만 하루 몇 시간만이라도 지역 아이들을 위한 사회적 공간으로 내놓자'는 발상으로 이어졌다. 또 아이가 초등 1학년만 되면 다 컸다고 생각하고 학원비라도 벌겠다며 일터로 나가는 엄마들이 많은데, 아이가 큰 사회로 처음 나가는 시기인 그때야말로 엄마의 역할이 필요하다. 그런 엄마들에게는 집에서 내 아이를 돌보면서 이웃집 아이도 함께 돌보는 이 사업이 자아실현의 계기도 되고, 경제적으로도 조금 도움이 될 수 있으리라 생각했다.

하지만 생업으로 이 일을 하시려는 분께는 아이를 돌보는 일에 돈이 우선순위가 되어서는 안 된다고, 만약 생계 때문이라면 다른 일을 하시는 게 좋겠다고 권한다. 사실 큰돈이 되는 일이 아니기 때문에 하루 대여섯 시간 일하고 자기 생활을 갖고자 하는 분들에게 더 적합한 일이었다. 지금 엄마친구네에서 아이를 돌봐주시는 어머니들의 70퍼센트가 비교적 안정적이고 경제적으로도 크게 어렵지 않은 분들이다. 자식들 다 키워놓고 경제활동도 하고 싶고 사회적으로 의미 있는 일도 하고 싶은데 경력이 단절된 분들, 이분들이 의미 없는 삶을 산 게 아니라 양육이라는 분야에서 전문성을 갖고 있으니 그것을 사회적으로 확대해보자는 의도였다.

창업 후 2년 정도 지역사회에 엄마친구네를 알리면서 가장 많이 받은 질문은 "좋은터가 사회복지기관이냐 기업이냐?"였다. 그때마다 나는 속으로 '기업은 비즈니스만 해야 하나? 비즈니스 안에 사회복지를 담으면 안 되나?' 하고 되물으면서, 좋은터는 사회복지를 기업 형태로 실현해가는 곳이라고 대답했다.

그간 가정에서 여성들에 의해 해결되었던 돌봄 방식은 국가나 사회 차원에서 해결해야 할 과제가 된 지 오래다. 복지 정책의 차원을 넘어 이제는 보편적 복지, 보편적 시민권 차원에서 사회적 돌봄에 관심을 가져야 한다. 돌봄을 '가정 내에서 해결하는 개인적 문제'와 '국가나 공공이 제공하는 제도' 중 양자택일해야 하는 것으로 보거나, 사회적 돌봄은 비용이 많이 드는 비생산적 정책이라고 보는 관점은 사람을 후순위에 두고 시장경제 논리를 우선하는 것이다. 그러나 생산적 발전의 주체는 사람이며, 그 사람의 삶에서 기본적인 안전망이 보장될 때 발전도 지속될 수 있다.

엄마친구네가 지향하는 마을 돌봄

도처에 위험이 널린 세상이다 보니 CCTV 등 각종 감시 시스템이 생겨나고 있다. 그러나 CCTV의 사각지대까지 안전하게 만드는 것은 이웃들의 네트워크다. 그 사회적 네트워크를 만들기 위해 일 년 동안 지역사회의 단체와 기관, 민관 행사를 찾아다니며 회원들을 구성했다.

엄마친구네가 시작되자, 돌봄을 필요로 하는 아이들 연령대는 생후 2개월부터 초등 5학년까지 다양했다. 일하는 엄마들뿐만 아니라, 직장은 안 다니지만 아이 낳고 산후우울증이 온 엄마들도 돌봄을 신청했다. 도시에서 혼자 힘들게 아이를 키우는 젊은 엄마들이 정말 많았다. 남편 직장 따라 이사 왔는데 아는 사람은 없지, 남편은 밤늦게 퇴근하지…. 이런 상황에서 어쩔 줄 몰라 하다가 육아경험이 있는 어머니들이 아이를 돌봐주고 조언도 해주고 말벗도 되어주니까 큰 위안을 받았다. 아기가 너무 어려 집에만 갇혀 있던 엄마들은 장 보러 가고 운동하는 동안 믿고 아이를 맡길 데가 있어 숨통이 트인다며 좋아했다.

방문 돌봄을 하는 어머니들은 자녀가 대학생이거나 이미 장성한 경우가 많았다. 그런 분들은 밤늦게까지도 돌봄이 가능하기 때문이다. 하지만 첫해 여름, 정작 워킹맘의 걱정이 두 배가 되는 방학이 되자 돌봄 활동가들 중에 '가족들과 외국에 가야 해서' '3박4일 체험 프로그램이 있어서' '(자기) 아이 학원 스케줄이 변경되어서' 등등의 이유로 돌봄 활동을 중단하는 일이 발생했다. 마을 돌봄이라는 사회적 과제에 관심 있는 중산층 전업주부들이 '내 아이만 키우는 게 아니라 함께 어울려 살아가기'라는 공동육아 개념에 기꺼이 동참하긴 했지만, 그 실천에서 책임성에 대한 준비가 부족했음을 확인하는 계기가 되었다.

'돌봄'에 관한 교육이 필요하다는 판단 아래, 2014년 5월부터 자녀양육을 끝낸 45세 이상 주부들을 대상으로 방문 돌봄 활동가 양성교육을 열었다. 기존의 거점 사업이 전업주부들의 집을 중심으로 한 돌봄이라면, 방문 돌봄은 아이가 있는 집을 직접 방문해서 돌봐주는 형태다. 본질적으로 아이를 돌보는 측면에서 보자면 베이비시터나 공공의 건강가정지원센터의 아이 돌보미 활동과 크게 다르지 않지만, 돌봄 활동가들의 경우 영유아기 발달과 놀이, 초등생 발달과 이해, 아이 돌봄 시 위급 상황에 대한 대처교육으로 전문성을 높이고, 마을 돌봄과 사회적 경제에 대한 의미, 워킹맘과 관계 맺기와 같은 인간적인 만남도 중요하게 생각한다.

그렇게 해서 엄마친구네 돌봄은 크게 '재택 돌봄'과 '방문 돌봄' 두 가지 방식으로 나뉘게 되었다. 재택 돌봄은 아이가 있는 집에서 다른 아이를 같이 돌보는 것이고, 방문 돌봄은 돌봐주실 분이 아이 집으로 방문하는 것이다. 젊은 엄마가 자기 아이와 다른 아이를 같이 돌볼 경우에는 안정감을 위해 자기 아이 포함해서 셋까지 돌볼 수 있게 정해놓았다.

돌봄이 필요한 이가 신청서와 동의서를 쓰고 홈페이지에 등업이 되면 온라인상으로 정보를 볼 수 있게 되는데, 아이를 돌봐주시는 분은 가족관계뿐만 아니라 집안 사진까지 찍어서 올리게 되어 있다. 아이가 어떤 분위기에서 지내게 되는지 파악하는 데 도움을 주기 위해서다.

또한 돌봄을 주고받을 때 워킹맘들이 시간당 비용을 지불하는 소비자로서의 정체성을 갖지 않도록 유도하는 것도 엄마친구네가 중요하게 생각하는 부분이다. 그래서 돌봄 활동가를 연결하기 전에 좋은터를 직접 방문하여 면접을 보는 것을 원칙으로 하고 있다. 아기가 어리면 집에 찾아가는 경우도 있지만, 어떻게든 처음엔 반드시 직접 만나는 것을 일종의 교육으로 생각하고 있다. 아주 세밀하게 설명하고 의논한 후에야, 온라인으로 가입해서 아이를 돌봐줄 분을 선택할 자격이 주어진다. 그리고 나서 또 아이 엄마, 돌봐주실 분, 나 이렇게 셋이 만나는데, 서로의 사정을 자세히 들어야 아이에게 꼭 맞는 분을 연결해줄 수 있기 때문이다. 아이를 돌보는 사람은 엄마처럼 최고는 될 수 없지만 최선은 되어야 하니까, 힘들더라도 그렇게 하는 것을 원칙으로 하고 있다.

아이를 맡기는 엄마와 서로 맞지 않을 경우 돌봐주시는 분도 거절할 수 있다. 돌봄은 갑을 관계가 아니기 때문이다. 젊은 엄마들 중 이따금 나에게 싫은 소리를 듣는 경우가 있다. 전화해서 "몇 시간 쓸 사람 있어요?" 이렇게 묻는 경우다. 가사 돌보는 분을 용역에서 보내주곤 하니까 그런 용어에 익숙해져 있는 것이다. "사람은 쓰는 게 아니"라고, "쓸 사람은 없고, 돌봐주실 분을 연계해드릴 수는 있어요"라고 하면 "아, 죄송해요" 하면서 서로 웃고 넘어가기도 한다.

편히 쉬게 하는 것이 돌봄의 목적

그간 많은 워킹맘들을 만났다. 겉으로 보기엔 다들 '직장 다니는 엄마'였지만 자세히 들여다보면 각 가정의 상황과 필요한 돌봄의 방식이 다 달랐다. 첫 아이 출산 후 복직을 앞두고 '믿을 만한 사람'을 찾느라 애를 태우는 엄마, 어린이집 종일반에서 오래 머물게 하지 않으려고 비교적 퇴근을 일찍 하는데도 돌봄을 요청하는 엄마, 부부가 원거리 출퇴근을 하느라 밤늦게까지 초등생 아이들끼리 있어야 해서 도움을 청하는 부모, 가게 운영하는 남편을 돕느라 혼자 핸드폰만 하는 아들을 제대로 돌볼 수 없는 엄마….

부모들도 힘들지만 아이들도 마찬가지다. 요즘 엄마들은 불안해서 아이들에게 쉬는 시간을 못 준다. 학원 하나라도 더 보내려 하고, 돌봄도 돈 내고 아이 맡기는 거니까 뭐 하나라도 더 가르쳐 달라고 요구하기도 한다. 하지만 이미 방과후 교실에 학원까지 돌고 오는 아이들이라, 집에서는 편안하게 쉴 수 있게 하는 것이 엄마친구네 돌봄의 중요한 목적이라고 다시 한 번 강조한다.

요즘 아이들에게는 시설 돌봄이 아닌 다른 돌봄이 필요하다. 단체 돌봄은 한 아이에게 교사가 10분도 오롯이 눈을 마주칠 시간이 없다. 어른들은 그 안에 있으면 '잘 지내는구나' 생각하지만 아이들에겐 기관에서 벗어나 규제 받지 않고 자기 마음대로 놀 시간이 필요하고, 집이 주는 정서적 안정감도 매우 중요하다.

돌봄은 결코 일방적이지 않다. 아무리 아이라도 서로 주고받는 뭔가가 있는 것이다. 2년 전, 아들 둘은 이미 장성했고 정년퇴직한 남편이 집에 있는 시간이 많아지자 "저녁시간에 바깥활동을 하고 싶다"며 돌봄을 시작한 활동가분이 있었다. 일곱 살 아이를 돌보기 시작해 6개월쯤 지난 후, 그간의 돌봄에 대한 소회를 나누면서 이런 이야기를 들려주었다.

"대표님이 교육시간에 '아이를 돌보는 것은 서로를 돌보는 것이어야 합니다' 하실 때 그게 무슨 뜻인지 잘 몰랐는데, 이제 확실히 알게 되었어요. 한 번은 아이가 종이를 가져오더니 '엄마 아빠에게 감사한 것 열 가지를 적을 건데 선생님도 적으세요' 하고 재촉하는 거예요. 사실 저희 아버님이 워낙 엄하셔서 시골에 계신 부모님께 할 도리는 하고 있었지만 도대체 감사한 마음은 들지 않았거든요. 그래서 '생각이 안 나는데 나중에 할게' 했더니 이 친구가 '낳아주신 것, 키워주신 것, 맛있는 것 사주시고…' 같은 감사 인사를 한 가지씩 적을 때마다 제게 따라 적게 하는 거예요. 그러다 보니 부모님에 대한 연민과 아픔 같은 것이 떠오르더라고요. 그 편지를 부모님께 보내지는 못했지만, 아이 덕분에 부모님에 대한 생각을 다시 해보게 되었어요."

돌봄의 생태계 만들기

군포시 마을기업인 엄마친구네는 행정안전부에서 2년 동안 운영비를 지원받다가 2015년부터는 정부지원금 없이 자립해보고자 시도하고 있다. 회원들의 봉사단체인 '좋은터를 만드는 사람들'을 통해 저소득 가정을 지원하는 일을 3년째 하고 있고, 2016년 10월부터는 지역의 돌봄 네트워크와 연계해 한부모, 조부모와 함께 사는 초등생들을 위한 '엄마품 멘토링'을 진행하고 있다. 돌봄 활동가 경험이 있는 회원들이 자원해서 경계성 장애가 있는 엄마와 함께 생활하는 아동이나 미혼모 가정의 아동, 부모 없이 할머니와 함께 지내는 아동 등 개별 관심이 더 필요한 아이들을 만나고 있다.

  학교 사회복지사들과 가정방문을 하다 보니 도움이 필요한 여러 형태의 가정을 만나게 되었다. 추천된 아동들 대부분이 지역아동센터에서 저녁을 먹고 귀가하는 경우가 많아 엄마품 멘토링에서는 식재료를 지원해 일주일에 두 번, 아이 집에서 원하는 음식을 만들어 함께 먹으면서 서로 알아간다. 다문화 가정의 외국인 주부에게는 김밥 만들기나 멸치볶음 같은 간단한 집 반찬 만드는 법을 알려주면서 관계를 맺고 있다.

  또한 한시적이긴 하지만 매주 수요일 인근 고등학교에 아침밥을 전해주다 보니, 점심 때 먹는 학교 급식을 빼고 나면 그날 우리가 주는 아침밥이 하루 식사의 전부인 학생들이 있는 것도 알게 되었다. 그래서 군포의 돌봄 네트워크 사회복지사, 교육사회복지사가 이 환경을 개선할 조건을 만들고, 좋은터에서는 자원봉사자와 함께 고등학생들을 위한 아침밥을 만들고 있다. 새벽 5시부터 만들어낸 70인분의 컵밥을 아침 8시쯤 학교에 가져가면 덩치 큰 고등학생들이 미리 나와서 스윽 웃으며 눈인사를 한다. 학교 사회복지사 선생님께 전해 들으니 가족 없이 혼자 거주하는 학생도 여러 명이라고 한다.

이 일을 할 수 있었던 계기는 올해부터 함께 일하기 시작한 김순이 이사 덕분이다. 평소 요리를 좋아하고 나누기를 행복해하는 사람이 함께하니, 그 사람을 통해 더욱 좋은 아이디어가 샘솟는다. 사회적 돌봄의 틈을 메우는 이 작은 일들을 통해 아이들의 몸과 마음에도 결이 생겨 사람에 대한 실오라기 같은 신뢰의 끈을 만들어갈 수 있기를 기대하고 있다.

경기도 군포에서 시작한 엄마친구네 사업은 2016년 5월부터 경기도 과천에서도 시작되었다. 경기도 따복공동체협동화사업을 통해 먹거리 돌봄사업에 엄마친구네 사업을 추가하게 된 것이다. 프랜차이즈 방식의 사업 확대가 아니라 독립적으로 그 지역사회 역량에 마을 돌봄을 융합해 새로운 모델을 만들어가기를 기대하고 있다. 지역 환경과 운영기관에 따라 사회적 생태계가 다르므로 '관계 중심의 돌봄'이라는 원칙만 공유하고 나머지는 필요에 따라 다양한 모형들이 만들어져야 한다고 생각한다.

정부청사가 있던 과천의 경우 생협, 품앗이, 식생활 교육네트워크, 공동체 등 특화된 사회적 환경이 이미 형성되어 있어서 그 안에 엄마친구네의 돌봄 미션을 융합하기가 훨씬 용이하다. 아마도 군포와는 또 다른 마을돌봄 생태계를 만들어갈 수 있을 것이다. 마을 안에서 마을 사람들이 마을 아이들을 서로 돌본다면, 행복한 교육의 기회를 보다 보편적으로 열 수 있으리라 기대한다.

사회적 돌봄의 미래

2016년 12월 현재 엄마친구네 가입 회원은 워킹맘 405명, 전업맘 360명이며, 그 가운데 방문 돌봄 활동가로 아이를 돌보고 있는 전업맘은 100여 명이다. 활동가들은 활동시간에 따른 활동비를 받고, 좋은터에서는 워킹맘이 추가로 지불하는 10퍼센트의 수수료를 기업수익으로 삼고 있다. 시장의 관점으로 보면 도저히 운영 불가능한 일을 하고 있는 것이다. 국가와 공공에서 해야 할 일을 민간이 그것도 법인화해서 책임을 지면서까지 할 필요가 있느냐고, 왜 사서 고생하느냐고 많은 사람들이 묻는다. 처음에는 마을기업에 주는 2년간의 지원금이 중단되면 사업도 흐지부지되겠지 하는 의심의 눈초리도 있었다.

이후 2년간 지역사회의 기관들과 연합하면서 돌봄 연계 가정들이 늘어났고, 그 수수료로 좋은터가 운영되고 있다. 자립의 수준을 어디에 두어야 할지 더 논의가 필요하겠지만, 현재는 아이를 돌보는 현장 활동가, 사무실 상근자, 대표까지 시간당 수고비가 같다. 일반적인 자립 개념은 아닐지 몰라도 서로를 격려하기엔 더 좋은 환경이 아닌가 싶다.

사람에게 필요한 일, 사람이 해야만 하는 일이란 게 있다. 생명을 돌보는 일, 특히 아이들을 돌보는 일이 그렇다. 시장경제 원리로 움직이는 기업이 뛰어들 때까지 손 놓고 있는 것은 결국 내 가정과 우리가 사는 환경을 황폐하게 만드는 일이다. 관계를 포기하지 않는 돌봄을 지켜가는 것은 사회적인 책임이다. 그래서 어려운 일인 줄 알면서도 4년째 마을 돌봄을 이어가고 있는 것이다. 앞으로 구조를 더 안정적으로 만들어야 할 과제가 있긴 하지만, 목표가 있기에 더 힘을 내어 즐겁게 달려가고 있다.

작은 지역사회 또한 마찬가지다. 지금은 서로 인간답게 살 수 있도록 진심으로 서로를 돌봐야 할 때다. 마을에서 눈에 띄는 아이는 누구나 '우리 아이'다. 내 아이에게만 집중하면 집 밖의 지역사회로 한 발짝도 나아갈 수 없다. 편부모, 조손 가정, 저소득 가정, 정서적 관계의 부재에서 오는 외로움과 분노, 상실감을 견디고 있는 아이들이 우리가 사는 지역사회에 포함되어 있다. 그래서 내 아이를 돌보는 수고를 넘어 마을 아이들을 함께 돌보는 지금이 가장 행복한 때가 아닌가, 자주 스스로를 격려하고 있다.

2016년에는 워킹맘들과 돌봄상담을 하며 '집밥과 찬'에 대한 고민을 나누다가 '방문쿠킹' 사업을 런칭했다. 돌봄상담과 마찬가지로 조금 번거로운 과정으로 상담을 하고 동의과정을 거쳐, 유통이나 배달 과정 없이 활동가가 직접 주 2·3회 3시간씩 방문해 반찬을 만들어주고 있다. 이 또한 활동가와 워킹맘이 가까워지는 시간이 어느 정도 지나면 일상적인 집밥과 찬으로 가족의 건강을 함께 돌보는 일이 된다. 이것이 사회복지 현장과 연계되어 엄마품 멘토링 사업으로 시작되었다. 지금은 그동안 지역사회에서 함께 만들어온 신뢰성을 바탕으로 보다 적극적인 돌봄 프로모션을 진행하려고 한다. 소방관, 경찰관, 간호사 등 특수한 근무체계로 움직이는 직업을 갖고 있는 워킹맘들이 생명을 다루는 일에 보다 더 집중할 수 있도록 말이다.

엄마친구네는 2012년 창업 이후 해마다 다른 모양으로 변해오고 있다. 사회적 필요에 따라 계속 새로운 돌봄 유형을 만들어내는 중이다. 미래세대를 위해 이 사회에 좋은 기반을 만들어내는 일, 좋은터 회원들이 갖고 있는 다양한 전문성을 바탕으로 더 따뜻한 사회적 돌봄과 다양한 일자리를 만들어내는 일을 앞으로도 계속 이어갈 것이다.

안심되는 실험공동체
룰루랄라 우동사

우동사

'우리동네사람들'의 약칭. 귀촌을 꿈꾸던 젊은이들이 인천 검암동에서 공동주거를 실험하면서 자연스레 육아까지 함께 하게 되었다. 일본의 도시 공동체 '에즈원 커뮤니티'와 긴밀하게 교류하고 있기도 하다.

이성희

초등학교 교사로 육아휴직 중이다. 사이좋은 사람들과 안심되는 삶을 꾸려보고자
시작한 '우리동네사람들'에서 여러 식구들과 함께 아이를 키우고 있다.

윤호의 백일상

윤호의 백일상이 차려졌다. 잔치를 하기엔 부담스러워 은근슬쩍 넘어가려 했는데 "백일은 애 키우느라 고생한 엄마 아빠 잘했다고 위로하고 응원하는 날이다. 불고기 좀 준비해갈 테니 집 식구들이랑 식사 한 끼 하렴" 하는 시어머님 말씀에 점심을 준비하게 되었다. 그날 아침 나의 일상은 평소와 같았다. 윤호 젖 물리기, 놀기, 안아주기…. 그런데 점심때가 되자 어느새 상 위엔 불고기, 잡채, 전, 샐러드 같은 음식이 한가득 차려졌고, 거실은 사람들로 북적북적했다. 윤호 백일이니 점심 한 끼 먹자는 말에 스무 명이나 되는 삼촌, 이모들이 모인 것이다. 심지어 각자 음식까지 준비해서!

시끌벅적한 식사 시간이 끝나고 사람들은 백일잔치 2부를 준비했다며 옆집으로 바쁘게 이동했다. 뒤따라가 보니 옆집의 복층 다락방에는 색색의 풍선이 매달려 있고, '윤호 백일'이라는 글자가 커다랗게 붙어 있었다. 다과상 주위에 스무 명 남짓한 사람들이 둘러앉아 우리 세 식구를 맞아주었다. 윤호 덕분에 집이 참 따뜻해졌다고, 자신의 부모님에게도 전화를 더 자주 하게 되었다고, 더 많은 시간을 같이 살아보자는 친구의 편지 낭독에 눈시울이 붉어졌다. 우리는 좁은 다락방에 옹기종기 모여 윤호와 함께 지내온 백일을 되돌아보며 소감을 나누었다. 대접하려고 모인 자리가 대접을 받는 자리로 변해 있었다. 진심으로 이 사람들에게 고마웠다.

우리동네사람들

우리동네사람들(이하 우동사)은 인천 검암동 곳곳에서 가족과 같은 친밀함으로 삶을 공유하고 있다. 내가 사는 집도 그중 한 곳으로 여섯 명이 함께 살고 있다. 시작은 6년 전 귀촌하고 싶은 친구 여섯 명이 집을 얻어 연습 삼아 같이 살면서부터였다. 공감대는 있었으나 현실적으로 당장 시골에 갈 수 있는 여건이 아니었기에 귀촌에 대해 함께 공부하고 매달 답사를 다니면서 준비해가던 터였다. 그런데 공부를 하다 보니 귀촌에 대한 막연한 환상이 조금씩 깨졌고, 실제로 우리가 살고 싶은 삶은 '귀촌'보다는 사람들과 따뜻한 관계를 맺는 삶이라는 걸 깨달았다. 그래서 우리는 무작정 주거지를 옮기기 전에 우리가 사는 동네에서 그런 관계들을 맺어보

윤호 덕분에 집이 참 따뜻해졌다고,
자신의 부모님에게도 전화를 더 자주
하게 되었다고, 더 많은 시간을
같이 살아보자는 친구의 편지 낭독에
눈시울이 붉어졌다.

기로 했다.

　우선 살면서 긴밀해진 관계망을 더 넓혀보는 것부터 시작했다. 때마침 옆집이 비어 남편과 결혼해서 집을 옮겼고, 평소 같이 살고 싶었던 친구들과 함께하게 되었다. 다음해에는 이런 삶에 관심 있는 사람들이 또 아래층 집을 얻어 함께 살게 되었다. 시간이 지날수록 사람으로 이어진 삶의 안전망이 확인되는 느낌이 들자, 사람들과 접점을 늘리는 일에 더 힘을 쏟게 되었다. 지원사업의 도움으로 동네 맥주집을 열어 동네 사람들과 만나는 공간을 만들고, 새롭게 관계 맺은 친구들이 살 집을 한 채 더 마련했다. 이런 삶에 관심은 있지만 결정이 어려운 사람들에게 가볍게 살아볼 수 있는 기회를 주고자 '가출(가벼운 출발)'이라는 이름으로 3개월 체험하는 집도 만들었다. 그래서 지금은 총 다섯 채에 30여 명의 사람들이 공동주거 형태로 살고 있고, 또 그 과정에서 인연을 맺게 된 다양한 사람들이 근거리에 집을 얻어 살면서 느슨한 관계를 맺고 있다.

함께 산다는 것은

　한 공간에 같이 살다보면 곳곳에서 생활방식과 생각의 차이가 나타난다. 초기엔 이걸 조율해가는 일이 늘 화두였다. 사실 아주 사소한 것들이었다. 누구는 가스레인지가 더러운 게 싫고, 누구는 계단에 먼지만 봐도 스트레스를 받았다. 빨래를 할 때도 색깔별로 할지, 깨끗하고 더러운 순으로 할지 생각이 달랐고, 심지어 더러움의 기준도 제각각이었다. 그때 우리는 규칙을 정하는 방식을 택하지 않고, 조금 품이 들더라도 문제의 원인을 무엇으로 보고 있는지 각자 점검하고 이야기로 풀어내려고 했다. 문제를 바라보는 각자의 시선을 살피지 않고 해결 방안에 곧바로 집중하면 생략되는 지점들이 생기기 때문이다.

언젠가 다큐 촬영 요청이 이슈가 되었던 적이 있었다. 촬영에 동의하는 사람들과 사생활 노출을 싫어하는 사람들 사이에 의견이 팽팽히 갈렸다. 도저히 결론이 나지 않을 것 같은 상황이었다. 하지만 '내가 왜 촬영을 하고 싶어 하는가? 나는 어떤 점이 싫은가?'를 주제로 다시 이야기를 꺼냈고, 긴 시간을 두고 서로를 이해하려는 방향으로 대화를 풀어갔다. 그러자 신기하게도 다들 꼭 해야 할 이유도, 하지 말아야 할 이유도 없는 상태가 되었다. 결국 서로 불편함이 적도록 배려하여 부분 촬영을 하는 것으로 결론이 났다. 함께 사니 불편한 점도 있지만 꺼내놓고 이야기할 기회도 많아져서, 연구거리 삼아 같이 공부하며 해결하는 노하우가 생기는 것 같다.

초창기에는 우리의 지향이 무엇인지를 고민하며 다 함께 모여 연찬을 하기도 했다. 우리의 목적을 명문화해야 더 단단해지고 발전할 수 있을 것 같았기 때문이다. 하지만 우리를 무엇이라고 규정하기도, 어디까지가 공동체라고 한계를 짓기도 참 어려웠다. 그래서 "같이 살아보니 불안이 해소되고 안심되는 상태가 되더라. 즐겁더라. 여러 가지 해볼 수 있는 거리들이 생기더라. 그럼, 그런 것들을 모아서 캐치프레이즈나 만들어볼까?" 하고는 '안심되는 실험공동체 룰루랄라 우동사'라고 정하고 모임을 끝낸 적이 있다.

그때는 우리 공동체의 성격에 대해 뭔가 합의점을 끌어내지 못해서 그렇게 정했다고 생각했는데, 지금 돌아보면 모두가 같은 그림을 그린다는 것 자체가 참 억지스러운 작업이었다는 생각이 든다. 모두가 행복한 삶을 최상의 가치로 삼고 있지만 결국 인생은 자신의 감각으로 보고 그 감각에 맞추어 살아가는 것임을, 정말로 같이 해보고 싶었던 건 개개인이 안심되는 상태로 서로 긴밀히 살아보는 것이었음을 알게 된 것이다. 자연스럽게 우동사의 목적에 대한 관심은 사라졌지만, 각자가 어떻게 살고 싶은지 개개인의 목적이나 바람에 대한 관심은 더욱 커졌다. 개인이 가진 것들을 최대한 잘 살리면서 사람들과 함께할 수 있는 영역으로 어떤 게 있을지 우리는 계속 고민하고 그중 가능한 것들을 시도하고 있다.

주거에서 직장까지 변하고 있다

공동주거로 시작했지만 개개인의 직업에도 변화가 생겼다. 적은 수입으로도 안정감 있게 살 수 있는 환경이 마련되니, 사람들은 하던 일을 그만두기 시작했다. 우동사의 한 달 생활비는 집 관련 대출금을 갚는 데 쓰는 돈과 식비, 공과금을 모두 합해도 한 달에 40만원이 넘지 않는다. 마음이 통하는 친구들이 동네에 살고 있고,

관심 분야 모임도 동네에서 만들어 할 수 있으니 외부에서 쓰는 비용이 크게 줄어든다. 돈을 벌기 위해 스트레스를 받으면서까지 직장에 다닐 이유가 사라진 것이다.

몇몇 친구들은 동네 사람들과 소통할 수 있는 공간을 운영하고 싶은 마음에 '커뮤니티 펍 0.4km'라는 맥주집을 열었다. 독서 모임이나 탐구 모임 등 다양한 모임들이 수시로 열리고, 오가며 만난 사람들의 소소한 이야기 자리가 되는 등 동네 사람들의 접점 공간 역할을 톡톡히 해내고 있다.

어떤 이들은 농사에 꾸준히 관심이 있어서 밭농사와 논농사를 작게나마 이어가고 있다. 신선한 야채를 식탁에 올려 먹는 재미로 근거리에 주말농장을 빌려서 관심 있는 사람들과 소규모로 밭농사를 짓고 있다. 논농사는 4년 전 우연히 알게 된 지인을 통해 강화도에 기계가 들어가지 않는 논을 빌리면서 시작되었다. 기계 없이 손 모내기와 낫으로 벼를 베어 추수하는 방식이 하나의 놀이가 되어 논데이(day)라는 연례행사가 되었다.

농사일은 건강한 먹거리를 내 손으로 직접 생산하는 기쁨과 함께 일하는 재미가 쏠쏠해서 호응도가 꽤 높은 편이다. 이 경험을 바탕으로 아예 농사로 전업한 사람이 생겨났고, 아직 수입은 적지만 나름의 일자리도 만들어지고 있다. 하고 싶은 일이 밥을 먹고 사는 일과 동떨어지지 않으면 좋겠다는 바람을 가진 백수들이 늘어나고, 그 사람들이 동네에서 다양한 실험을 해나갈 수 있다는 사실이 참 좋다.

함께하는 밥상과 소통을 소중히 하는 사람들

시작부터 지금까지 꾸준히 해오고 있는 것이 있다면 밥상 모임이다. 각 집마다 분위기는 다르지만, 대부분 밥을 먹으며 마음을 나누고 필요한 논의를 한다. 나도 밥상 모임을 좋아하는데, 애써 노력하지 않아도 자연스럽게 근황을 나누는 분위기가 만들어지기 때문이다. 각자 어떻게 지내고 있는지 이야기를 듣고 마음의 흐름을 같이하는 것은 관계를 깊게 만드는 데 매우 중요하다. 그렇기에 우리는 다섯 채의 집에서 주기적으로 밥상 모임을 하고 있고, 최근에는 근처에 사는 사람들끼리 '따로 또 같이 밥상 모임'도 갖는다.

초기의 밥상 모임은 논의해보고 싶은 주제나 조율할 것들이 많아서 마음 나누기 시간뿐 아니라 논의 시간도 아주 길었다. 하지만 시간이 갈수록 마음 나누기에 집중하게 되고 안건은 최소화되었다. 같이 지낼수록 생활 영역에서 조율해야 할 것들이 줄어들었기 때문인데, 아마도 믿고 맡길 수 있는 신뢰 관계가 생긴 덕분이 아닐까 싶다. 일례로, 예전엔 물건을 살 때도 살지 말지부터 어떤 것을 살지까지 정하는 데 꽤나 지난한 과정을 겪었다. 생활비를 같이 부담하기에 지출도 모두 같이 결정해야 한다고 생각했던 것이다. 지금은 주로 쓰는 사람의 의견을 듣고 맡기는 방향으로 전환되면서 지출 금액이 큰 경우만 공유하고 있다. 생활 영역 외의 재정이나 다른 활동들에 대해서는 관심 있는 사람들이 시간을 들여 더 집중적으로 논의한다.

우동사에는 꼭 해야 하는 일이나 참여해야 하는 모임이 없다. 하고 싶은 일, 하고 싶은 모임이 있을 뿐이다. 해야 한다는 생각으로 움직일 때 마음이나 관계에 무리가 생기는 것을 알아차리고 그렇게 되지 않는 방향으로 움직여왔기에 지금의 문화가 생긴 것 같다. 하고 싶은 마음으로 모인 사람들의 모임은 재미있을 수밖에 없고, 그 재미가 더 많은 사람들을 끌어당겼다. 그렇게 다양한 주제와 색깔의 모임들이 수시로 열리면서 자연스럽게 관계가 넓어졌다.

이곳에서 아이를 키울 수 있을까

우리 부부는 공동주거 집들 중에서도 세 집이 나란히 붙어 있는 곳에 살고 있다. 공간에 경계가 별로 없는 편이라 옆집, 아랫집까지 열다섯 명의 이모, 삼촌들과 일상을 함께한다. 나와 남편은 2011년 우동사라는 이름으로 공동주거를 시작한 초기부터 함께했다. 이곳에서 연애와 결혼이라는 생의 큰일을 치렀고, 임신 전부터 아이를 어떻게 키울 것인가에 대해 친구들과 논의했다. 육아 경험이 전무한 싱글이 대부분인지라, 실제적인 준비보다는 무엇이든 힘께 논의하며 같이 키워보자는 이야기를 자주 나눴다.

윤호가 태어나기 전까지 누구도 아이를 키워보기는커녕 가까이에서 자주 본 적조차 없었기에 걱정이 많았다. '아이가 울어서 다른 사람들한테 피해를 주지는 않을까? 어른 중심으로 구성된 공간에서 아이를 키우는 것이 힘들지 않을까? 집을 따로 구해야 하나? 아니면 방음이 잘되는 방으로 바꿔야 하나?' 이런 상황은 처음이라 어떻게 해야 할지 도무지 감이 잡히지 않았고, 섣불리 대책을 세우기도 쉽지 않았다. 그래서 우리는 아이가 태어난 후의 상황은 지금 알 수 없으니, 키우면서 불편한 점을 서로 편하게 얘기할 수 있는 관계를 만드는 데 중점을 두기로 했다.

그리고 얼마 후 윤호가 태어났다. 예상했던 상황은 현실이 되었다. 아이는 밤낮 없이 우렁차게 울었고, 공용 공간에 아이 물건들이 쌓여갔다. 밤이 되면 자는 아이를 위해 나머지 식구들 모두 거실 조명을 어둡게 줄이고, 말소리조차 소곤소곤 하지 않으면 안 되었다. 그런데 신기하게도 그런 상황들이 걱정했던 것처럼 갈등으로 이어지지는 않았다. 갓 태어난 아이가 처음으로 똥을 싸고 배냇짓을 하며 웃는 모습을 같이 봐온 친구들은, 그런 불편함마저 기꺼이 함께할 준비가 되어 있었던 것이다. 오히려 윤호가 소리를 내거나 하품만 해도 박수치며 환호하는 '조카 바보'들이 되었다. 생각했던 것보다 우린 더 친밀했고, 아이 또한 스스로 사랑을 불러일으키는 존재였다.

아이가 태어나고 얼마 되지 않아, 육아를 많이 도와주던 친구 네 명이 해외로 한 달 이상 여행을 가게 되었다. 한 시간 간격으로 젖을 달라고 보채고, 두 시간 이상 자지 않는 아이를 달래다 보면 식사도 잠도 제대로 챙길 수가 없었다. 혼자 있는 시간이 길어지자 오후가 넘어가면서부터는 남편의 퇴근 시간만 기다리게 되었다.

"결혼하면 꼭 따로 살아야 한다.
아이를 낳으면 같이 사는 건 절대로 안 된다"
하시던 친정어머니도 우리 집에 몇 번 와보시고는
"좋은 친구들과 같이 살아 다행"이라고 하셨다.

일반적인 환경에서 아이를 키우는 엄마들이 얼마나 힘들지, 그 고충을 이해할 수 있는 시간이었다.

여행 갔던 친구들이 돌아오고 아이를 대하는 것이 낯설었던 나도 적응이 되기 시작하자, 그제야 예쁜 아이의 모습을 오롯이 느낄 수 있는 상태가 되었다(엄마가 아이를 예쁘게 바라볼 수 있는 건 혼자 힘으로는 불가능했다). 그 후로 혼자 보는 시간이 거의 없을 정도로 많은 도움을 받았다. "결혼하면 꼭 따로 살아야 한다. 아이를 낳으면 같이 사는 건 절대로 안 된다" 하시던 친정어머니도 우리 집에 몇 번 와보시고는 "좋은 친구들과 같이 살아 다행"이라고 하셨다.

억압이나 강요 없이 자라는 아이

아이가 클수록 아이의 존재감 역시 점점 커졌다. 국과 밥을 엎지르고, 아무 방에나 들어가 물건들을 어지럽히고, 마음대로 되지 않을 때는 자기 나이에 걸맞게 때리면서 울었다. 그때마다 얼마나 당황스럽고 고민이 되던지. 어느 날 여럿이 밥을 먹는데 윤호가 또 국과 밥을 엎었다. 다른 사람들이 불편하면 어쩌나 살피던 나에게 친구들은 "우리가 먹는 걸 보고 따라하는 것 같다", "아직 손놀림이 능숙하지 않아서 엎나 보다" 하며 각자의 시선에서 관찰한 것들을 말해주었다. 다른 사람들을 신경 쓰느라 정작 아이를 살피지 못하고 있었는데, 아이가 어떤지 관심을 기울이는 사람들 덕분에 내 마음에도 여유가 생겼다. 윤호가 사람을 물고 때릴 때도 그때그때 이유를 살펴주고, 염려되는 마음이 있다면 그 마음을 표현해 보라는 조언도 해주었다. 우유를 쏟은 아이에게 누구도 잘못을 따지지 않고 걸레를 들고 와 같이 닦아주는 상황만으로도 마음이 따뜻해지고 육아가 참 행복하게 느껴졌다.

　윤호는 걷는 것보다 뛰는 것을 더 재미있어했다. 콩콩콩 발소리가 크게 울리지만 매번 아이를 다그치지 않아도 되는 것은 그런 윤호를 귀엽게 봐주는 아랫집 사람들이 있기 때문이었다. 발소리가 울리면 오히려 윤호 알람을 듣고 왔다며 윤호와 시간을 보내주고 간다. 방에 구분이 없는 아이는 삼촌방에 있는 간식을 꺼내 먹고 이른 시간에 자고 있는 이모를 깨우지만 모두 웃으며 아이를 받아준다. 이것은 나에게도 변화를 가져다주었다. 모든 관계에서는 아니지만, 스스로 눈치를 보는 일이 줄어들었다. 타인의 시선을 의식하는 것에서 자유로워지니, 나와 아이의 내면에 더욱 관심을 기울일 수 있게 되었다. 어떤 행동도 문제라고 생각하지 않는 좋은 이웃들 곁에서 윤호는 건강하게 자라고 있다.

기꺼이 돌봄을 자처하는 사람들

　윤호가 22개월 되던 때에, 일본 미에 현 스즈카 시에 있는 공동체인 에즈원 네트워크에 탐방을 가게 되었다. 윤호를 데리고 가는 첫 해외여행이기도 했거니와, 탐방의 주 일정이 사람들과 이야기하는 자리였기에 부담이 있었다. 하지만 같이 사는 한 친구가 같이 가서 윤호를 봐줄 테니 충분히 탐방을 하라고 제안했다. 덕분에 4일 동안 밤 시간만 아이를 보게 되어 탐방 일정을 오롯이 함께할 수 있었다. 엄마와 떨어진 아이가 어떨지, 탐방을 못하는 친구는 어떨지 염려되었지만, 윤호는 평소에도 가깝게 지내던 이모와 있는 게 편안해 보였고, 친구는 윤호와 보낸 시간이 얼마나 재미있었는지 웃음기 가득한 얼굴로 전해주었다.

  이 경험은 나의 육아에 큰 전환점이 되었다. '같이 살지만 아이는 내가 키운다.' 나 역시 육아는 엄마 아빠 몫이라고 은연중에 생각했었는데, 아이가 건강하게 자라는 것을 자기 일로 생각하는 사람들이 있다는 걸 알게 된 것이다. 나는 그들에게서 당위로서 함께하는 육아에 대한 의무감보다 같이 잘 키워보고자 하는 진심 어린 마음을 느꼈다. 그 후로는 윤호를 돌봐달라고 요청하는 것이 훨씬 수월해졌다.

  두 돌이 다 되어가는 윤호는 확실히 엄마 손을 덜 필요로 한다. 이제는 여유 시간에 내가 하고 싶은 것들을 조금씩 시도하고 있다. 지금은 주로 집 또는 동네에서 열리는 모임에 참석하는데, 모임에 더 집중하고 싶을 때는 윤호를 누군가에게 맡기는 경우가 종종 있다. 초반에는 주로 남편이 그 역할을 해주었지만, 최근에는 동네 밴드에 윤호와 시간을 보내줄 사람이 있는지 묻는 글을 올린다. 그러면 윤호를 아끼는 몇몇 사람들이 댓글을 달고 윤호가 좋아할 만한 간식과 놀잇감을 준비해서 온다. 오히려 엄마와 있을 때보다 더 재미가 있는지 이젠 "엄마, 다녀올게"란 말에 손을 흔들며 인사할 정도가 되었다. 이웃들이 윤호를 대하는 모습을 보면 어떤 때는 엄마인 나보다 더 소중히 여겨주는구나 싶어서 진심으로 기쁘고 감사하다.

앞서 경험한 공동체로부터 배우기

지금은 에즈원 네트워크의 스즈카 커뮤니티에서 3개월 일정으로 유학생활을 하고 있다. 20여 일 먼저 나 혼자 일본으로 와서, 윤호는 집에 남아 아빠와 지인들과 함께 지냈다. 태어나서 한 번도 엄마와 떨어져 자본 적이 없는 윤호를 두고 오는 것이 고민되었지만 불가능하진 않다고 생각되었기에 용기를 내었다. 공부해보고 싶다는 나의 의사를 존중해준 윤호 아빠와 옆집 친구들 덕분이었다. 무엇보다도 윤호가 이웃들과 함께 있을 때 불안해하지 않았고, 그들 역시 윤호가 받을 충격을 최소화할 수 있는 방안을 나보다 더 고민해주었다.

유학까지 생각하게 된 건 처음 탐방을 갔을 때 에즈원 어린이집에서 한 엄마를 만난 후부터였다. 그곳에 엄마들끼리 모여서 하는 탐구 모임이 있는데 '듣는다는 것', '탓하는 마음' 등에 관해 이야기를 나눈다고 했다. 엄마들 모임이라면 육아나 아이들에 관련된 이야기를 주로 나눌 거라고 생각했던 내게 그 말은 적지 않은 충격이었다. 그제야 나는 아이를 잘 키우는 것과 남편과 관계를 잘 맺는 것, 그리고 내가 하고 싶은 공부가 동떨어진 것이 아니고 서로 연결된 것임을 깨달았다. 그 생각이 계기가 되어 좀더 공부해보고 싶은 마음이 들었고 유학에까지 이르게 된 것이다.

나는 일상에서 나에 대한 공부를 해나가는 것에 관심이 많은 편이다. 그런 이유로 불교 수행 공동체인 정토회와 에즈윈 네트워크는 나에게 큰 영향을 주었다. 우동사의 초기 멤버 여섯 명은 모두 정토회 청년활동에서 만난 사람들이었다. 모든 문제의 원인을 나를 살피는 것에서부터 시작하는 관점을 경험했던 사람들이기에 마음 나누기를 하나의 문화로 만들어갈 수 있었다. 최근에 '단정 없이 제로에서부터' 살피는 탐구 모임도 해나가고 있는데 이것은 에즈윈 네트워크를 통해 알게 된 것이다. 에즈윈 네트워크는 지인에게 추천받은 마이라이프 세미나에 우동사 멤버들과 참가하면서 만났다. 나와 인간, 사회에 대해 근본적으로 살펴보는 새로운 시선이 인상적이었다. 그 이후로 코스에 참가하거나 탐방을 가거나 초청해 이야기를 듣는 교류를 계속 해오고 있다.

에즈윈은 16년 전 소수의 인원이 모여 일본 오사카 남동쪽 스즈카 시에 뿌리내린 공동체로, 가족 같은 친하고 다정한 사회를 실현하려고 시도하고 있다. 여러 번의 시행착오를 겪으며 현재는 150여 명이 함께하는 도심 속 마을공동체가 되었고, 그 과정에서 터득한 것들을 외부와도 나누고 있다. 에즈윈은 크게 세 축으로 구성되어 있다. 현상의 본질을 과학적으로 탐구하는 사이엔즈연구소, 이 방식을 사람들이 습득할 수 있게 돕는 사이엔즈스쿨, 일상적인 개념의 마을공동체가 그것이다. 이들은 유기적으로 연결되어 있다. 연구소와 스쿨이 마을공동체를 지탱하는 축이 되고, 마을공동체는 연구소와 스쿨의 성과와 경험을 녹여내는 삶터가 된다.

사이엔즈가 추구하는 사고방식은 현상의 본질에 대한 과학적 탐구, 즉 '알았다', '됐다'라고 결론짓지 않고 '사실, 실제, 진상은 어떨까?' 하고 되묻는 것이다. 처음 접했을 때 좋았던 것은, 보통 '내가 어떻구나'에서 끝났었는데 '왜 그렇게 생각하게 되었나?' 다시 한 번 질문해볼 수 있다는 점이었다. 나를 새롭게 살피는 기회가 열린 기분이었다. 다행히도 이런 공부의 흐름을 같이 하는 사람들이 옆에 있었기에 꾸준히 기회들이 생겼다. 동네에서 관심 있는 사람들이 주기적으로 모여 탐구 모임을 하고 있고, 일상에서도 그런 대화들이 수시로 일어난다. 나에 대해, 주변 사람들에 대해, 또 사회에 대해 이렇게 저렇게 단정하고 있는 나를 점검해가는 일은 참 재미있다.

나는 한때 나만큼 아이를 돌보지 않는 남편에게 불만을 가득 품었던 적이 있었다. 그리고 편하게 이야기할 수 있는 사람들에게 종종 이 마음을 토로했다. 그런데 그 과정에서 '아빠라면 아이를 이렇게 돌봐야 한다'는 전제가 내 안에 있음을 알게 되었고, 남편을 바라보는 나의 시선이 느껴지자 남편의 행동이 조금 다르게 보이기 시작했다. 남편이 어떤 상태인지, 아이를 돌본다는 것의 실제는 무엇인지에 점점 더 관심이 갔다. 공용 공간 청소를 안 하는 사람, 같이 해야 하는 빨래, 꼭 해야 하는 규칙 등에 대한 나의 감각을 점검하자 평소에 부딪히던 부분이 전혀 다르게 인식되었다. 일상의 탐구가 일상의 삶을 편안하게 하는 경험이 쌓이니 자연스레 더 공부해보고 싶은 마음이 들었다.

아이와 함께하는 에즈원 유학생활

에즈원에 20일 먼저 와 있는 동안, 윤호는 엄마 없이도 너무나 잘 지냈다. 종종 윤호의 사진과 소식이 동네 밴드에 올라왔는데 늘 활기 넘치는 모습이었다. 이름 붙여진 것은 아니었지만 '엄마 없는 동안 윤호 돌보기 프로젝트'가 발동된 듯 보였다. 아침에 정아 이모랑 밥과 사과를 먹고, 401호 청소하고, 닭장 공사 구경하고, 오공하우스 금자 이모랑 같이 놀다가, 아빠와 나들이 다녀오고, 302호 정래 이모가 해준 맛있는 전을 먹고, 402호 종호 삼촌이 해준 고구마튀김도 먹고, 나무블록으로 데크공사 흉내 내고, 정아 이모, 금자 이모랑 소꿉놀이 신나게 하고…. 재미있게 지내는 윤호는 물론이거니와, 이런 소식을 즐겁게 올려주는 동네사람들의 모습에 기뻤다. 그렇게 20일을 보낸 윤호와의 조우 또한 감동적이었다. 부쩍 자란 듯한 윤호는 밝게 웃으며 몇 번이고 나를 안아주었고 그동안 이모들한테서 배운 노래를 불러주었다.

그렇게 에즈원에서 윤호와 나의 일상이 시작되었다. 윤호는 이 곳에서 어린이집에 다닌다. 한 살부터 네 살까지의 아이들 다섯 명에 윤호까지 해서 여섯 명이 함께 생활한다. 한국의 여느 어린이집과 다른 점은, 아이가 자라는 데 관심이 많은 동네 어른들이 함께 아이들을 돌본다는 것이다. 주로 두 명 정도의 어른들이 아이들과 시간을 보내는 것으로 짜여 있는데, 정해진 것이 아니라 각자 상황에 맞게 조율해가는 것 같았다. 9시 반쯤 모여 가까운 공원이나 놀이터에서 놀고, 에즈원팜에서 귤을 따고 고구마를 구워 먹기도 하고, 점심 도시락을 먹고, 오후가 되면 각자의 집으로 돌아간다. 어린이집에서 지내는 동안 '이렇게 해야 한다'는 것이 거의 없어서, 마음껏 놀고 응석부리는 아이들이 정말 행복해 보였다.

아이들의 노는 모습을 관찰하는 것은 재미있었다. 어느 날 도시락을 먹는데 윤호가 츠무기의 소세지를 가져다 먹었다. 그 순간 츠무기가 자기 거라고 소리치며 울었는데 나는 츠무기에게 사과를 해야 할 것 같은 기분이 들었다. 잠시 망설이며 츠무기 엄마를 보니 여유 있게 웃으며 아이를 달래는 듯했고, 식사가 끝나자 남은 소세지를 윤호에게 주었다. 나눠 먹어야 한다든지 허락 없이 가져가면 안 된다든지 하는 지시 없이 아이가 자기 감정을 충분히 표현하도록 허용한다는 느낌이었다. 나는 '상대를 때리면 안 된다, 싸우면 안 된다'라는 생각이 강하게 자리 잡고 있어서 아이에게 간섭하고 싶어질 때가 많은데, 이곳에서 사람들의 여유로운 모습을 보며 먼저 아이를 관찰하고 나 자신을 살피는 연습을 하고 있다.

한 번은 윤호와 와타루가 같은 장남감을 놓고 다툼을 벌인 적이 있다. 뒤로 밀린 윤호는 울음을 터뜨렸고, 나에게 와서 안기는 것으로 상황이 종료되었다. 갖고 싶거나 놀고 싶은 마음을 표현하는 방식이 아이마다 다양해서 무작정 달라고 하기도 하고, 때리기도 하고, 울기도 하는구나 싶었다. 위로가 필요할 때 나에게 와서 안기는 윤호를 받아주고 있는 그대로 윤호의 감정을 인정하는 것이 나에게는 큰 공부가 되었다.

이런 시간을 겪다 보니 아이를 보고 있는 어른들은 어떤 생각을 갖고 있을까 궁금해져 간담회를 요청했다. 주로 아이를 보는 데 적극적인 엄마들과 동네 할머니 스탭들이 참석했다. 그들은 어린이집의 목적이 아이가 인간 본성에 맞게 자랄 수 있는 환경을 만들고 부모가 행복하게 아이를 볼 수 있는 환경을 만드는 것이라고 했다. 또 아이들은 아직 형성된 게 별로 없기 때문에 주변의 강요가 없는 한 자연스럽게 발현된다고 덧붙였다. 노리코 할머니는 오히려 어린이집에 가면 아이들이 자신을 맞아주는 느낌이라고 표현했다. 경험이 많음에도 불구하고 우는 아이를 보며 가끔 불안해하는 자신을 발견한다고, 그럴 때마다 자신을 살피며 공부하다 보니 이젠 우는 아이를 마음으로도 받아줄 수 있게 되었다고도 했다.

나는 또 아이들이 서로 때릴 때 어떤 마음이 드는지 물었다. 사토미 상은 위험하지 않는 한 마음껏 기분을 표현하도록 그대로 두고 싶다고 했다. 그러면서 나에게도 어떤 마음이든 표현하면서 지내면 좋겠다고 이야기해주었다. 사실 유학 와서 이것저것 하고 싶은 공부가 많았던 나는 윤호를 돌봐야 한다는 생각에 꽤 부담감을 느끼던 상태였다. 부모도 충분히 응석부릴 수 있는 환경이 필요하다며, 준나 상은 내가 마음껏 하고 싶은 공부를 할 수 있도록 하루 종일이라도 윤호를 봐주고 싶은 마음이라고 말했다. 그러면서 윤호가 편안하게 지낼 수 있는 환경을 같이 고민해보자고 했다. 아이도 엄마도 충분히 마음껏 자신의 삶을 펼칠 수 있는 환경은 가족의 힘으로는 만들 수 없다. 그렇기에 이들은 사회 차원에서 그런 환경을 함께 만들어주고 싶어 했다. 이런 사람들에게 이해받고 지지받는 경험이야말로 유학생활의 값진 선물이었다.

　나는 유학생활을 통해 함께 사는 사람들과 친밀하고 행복하게 사는 법을 배우고 싶었다. 내 마음을 소중히 여겨주고 이야기를 잘 들어주는 사람들 곁에서 나 자신이 변화됨을 느꼈다. 그래서 나 또한 주변 사람에게 편안함을 줄 수 있는 사람이 되고 싶었다. 유학생활을 통해 나는 이런 것들을 직접 체험하는 과정을 겪고 있다. 이 과정은 윤호를 잘 키우는 일과도 연결된다. 내가 행복해야 아이에게도 행복한 마음 상태가 전달되기에, 내가 행복하고 편안해지는 것이 윤호에게 해줄 수 있는 최선이 아닐까 생각한다.

아이들의 성장에 밑거름이 되는 공동체

'안심되는 실험공동체 룰루랄라 우동사'는 재미 삼아 정했던 문구였지만, 우동사는 나에게 정말 말 그대로의 공간이 되었다. 아이가 태어나도, 직장을 쉬어도 크게 불안하지 않다. 나를 안심시키는 것은 무엇보다 사람들 사이의 돈독한 관계다. 사람들과 깊이 어울리면서 나를 더 잘 이해하게 되었고, 내가 더 확장되는 것을 느꼈다. 그러다 보니 삶이 더 재미있어졌다.

같이 산다는 것은 내가 행복하고 싶은 만큼 함께 행복하기를 바라는 마음으로 다른 이들과 공간과 시간을 나누는 일인 것 같다. 가끔 숨기고 싶은 모습이 드러나도 있는 그대로 이해해주는 사람들 사이에서, 나는 혼자일 때보다 더 풍요로운 삶을 실감하고 있다. 앞으로 우동사에서는 어떤 형태로든 더욱 다채로운 관계가 생겨날 것이다. 그러한 관계들이 서로를 소중히 하고 살리는 방향으로 이어졌으면 한다.

개개인들이 각자의 삶의 목적을 밝혀가고, 그런 개인이 모인 사회에서 윤호뿐만 아니라 더 많은 아이들이 건강하게 자라나면 좋겠다. 자신의 본성을 억누르거나 왜곡하지 않고, 아낌없는 애정과 진심을 충분히 경험하며 자유롭게 피어났으면 한다. 이런 바람은 아직 시작에 가까운 실험 단계이지만, 즐겁게 해나가는 사람들이 있기에 가능하다고 믿는다. 우리의 경험이 아이들의 삶에 따뜻한 밑거름이 되기를 바라며 하루하루 소중히 살아가고 싶다.

아이와 함께 자라는 즐거움이 모락모락

모락모락 母樂母樂

경기도 안양 인근 지역의 '자출가모' 회원들인 젊은 엄마 아빠들이 어린이집을 만들지 않고 다양한 활동을 함께 하면서 아이들을 키우는 공동육아 모델이다. 엄마들의 성장에 초점을 맞추고 활발한 활동을 하고 있다.

이금비

경기도 안양에서 혼자 아기를 키우다 같은 지역 엄마들과 자연스런 공동육아 모임 '모락모락'을 함께 꾸려가고 있다. 책을 좋아하고 사색을 즐기는 몽상가이자 평범한 전업주부다.

'덤'으로 자란 어린 시절

아버지는 외국으로 장기 출장을 가는 일이 잦았는데, 엄마 없이 자란 우리 자매는 그때마다 친척 집에서 사촌들과 함께 지내곤 했다. 식구가 많으면 개인의 취향보다는 정해진 규율에 따르며 질서를 지키고 공존하는 법을 찾게 되는 것 같다. 나는 사촌형제들과 같이 떠들썩하게 먹고 놀고 쉬고 자면서 어울려 사는 법을 자연스럽게 배웠다.

그 시대는 그게 자연스러웠다. 먹고살기 빠듯했던 때라 부모가 맞벌이하는 경우가 많았고, 학원 다니는 아이들이 드물었기 때문에 동네 아이들은 공터에 모여 놀거리를 찾아 놀았다. 제일 나이 많은 오빠나 언니가 대장 역할을 했는데, 자연스럽게 놀이의 규칙이 정해지고 다들 그걸 지켜야만 함께 놀 수 있었다. 어린아이들은 능숙하지 못하기 때문에 형과 누나에게 보호와 양보, 배려를 받아 놀이에 참여할 수 있었다. 당시엔 '깍두기'라는 이름으로, 놀이가 서툰 어린 동생들을 양쪽 팀에 '덤'으로 끼워주면서 함께 놀았다. 놀이에서 소외되지 않고 오히려 두 배로 놀 수 있어 놀이에 빨리 익숙해지기도 했다. 배려 받는 만큼 어린아이들은 형과 누나들에게 무조건적인 신뢰를 보내며 따랐다.

  나는 엄마의 정을 모르고 자랐지만, 언니의 보호를 받으며, 친척들의 관심 속에서, 동네 친구들과 언니 오빠들과 어울려 놀며, 그리고 책을 읽으며 허전함을 채울 수 있었다. 그러는 동안 '내 가족'에 대한 환상을 품게 되었다. 시끌벅적 사람 사는 냄새가 나는, 웃음소리가 새어나오고 때론 조금 다투더라도 '온전한 내 가족'을 만들어 떠들썩하게 살고 싶은 꿈 말이다. 저녁이면 모락모락 된장찌개를 끓이며 남편을 기다리는 아내, 아이들이 공부할 때 과일을 깎아 공부방에 슬며시 가져다주는 따뜻한 엄마, 한겨울에 지글지글 끓는 온돌방처럼 편안한 휴식처 같은 포근한 존재가 되고 싶었다. 그리고 남편과 아이가 내게 주는 사랑과 관심을 기대했다. 아이가 많으면 이 세상에 날 더 사랑하는 사람이 많아지는 거라며, 밥상 위에 밥숟가락 하나만 더 올리면 된다는 느긋한 마음으로 '복작복작'한 내 미래를 그려보곤 했다. 아이를 어떻게 키워야겠다는 구체적인 계획은 없었다. 그저 당연히 '나 어렸을 때처럼' 아이들도 자라겠지 했다.

육아라는 감옥으로

어느덧 나이가 차서 가정을 꾸리게 되었다. 내 또래 청년들이 다 그렇듯이 우리도 부모님 도움을 조금 받고 대부분 대출을 내서 시작한 결혼생활이었으니, 몇 년은 아이 없이 악착같이 저축하며 살았다. 그러다 결혼 후 2년 만에 계획보다 조금 빨리 아이가 생긴 것을 알았다. 아이가 태어나기 전에 돈도 좀더 모으고, 빚 다 갚으면 유럽여행도 다녀오자고 계획을 세웠는데 슬며시 아쉬운 마음도 들었다.

첫아이라 그때는 모든 일에 얼마나 조심스럽던지. 먹는 것, 생각하는 것, 지나치게 몸을 쓰는 일을 삼가며 정성껏 아이를 뱃속에서 키웠다. 태내의 아이는 엄마와 하나로 연결되어 있다는 말에, 보고 듣는 것에 주의하면서 그전과는 다른 삶을 살기 시작했다. 그렇게 나 자유롭고 낙천적이고 얽매이는 걸 싫어하는 내가 엄마가 된다니! 하지만 아이가 생기니 저절로 마음가짐이 달라졌다. 아이에게 이런저런 사랑의 말을 건네며 감성적이고 포근해진 내 마음과 몸의 변화를 긍정적으로 받아들였다. 임신 열 달 동안, 나는 다시 태어나는 것 같았다.

임신 기간은 앞으로 달라질 내 인생을 준비하는 기간이었다. 모성이라는 것은 타고나는 것일까, 아니면 배움이나 습득의 결과일까. 나는 과연 좋은 엄마가 될 수 있을지 생각이 많아졌다. 아이를 지키기 위해 힘이 센 엄마가 되어야 할 것 같고, 아이를 가르치기 위해 아는 것이 많아야 할 것 같고, 아이에게 좋은 본보기가 되기 위해 옳은 행동만 해야 할 것 같았다. 어쩐지 잘할 수 있을 것 같은 막연한 자신감도 있었다. 그렇게나 오랫동안 바라던 온전한 내 편, 시끌벅적 따듯한 온기를 더해줄 내 가족, 그 문을 열어줄 내 첫아이, 뱃속 아이의 존재감은 그렇게 커져갔다.

그런데 정작 아이를 낳고 보니 '이건 아닌데' 싶을 때가 많았다. '현모양처'가 되고 싶었던 내 꿈은 오히려 그 어떤 직업보다 이루기가 어려웠다. 공부를 열심히 한다고 해서 잘할 수 있는 것도 아니고, 자격증처럼 누군가 '인증'해줄 수도 없는 것이었다. 24시간 내내 교대 없이 아이 돌보는 일이, 노동 강도가 세지는 않다 해도 정말 피곤하고 고달팠다. 수고의 대가로 돌아오는 것은 아이의 웃음과 보람뿐이었으니, 그저 모든 일이 처음인 나에겐 예상하지 못한 감옥 생활 같을 때가 많았다.

하루 중에 행복하다고 느끼는 순간은 다 모아봐도 한 시간이 채 되지 않았다. 아무것도 모르는 아이에게 소리 지르고, 방치하고, 무시하고, 거부했다가 스스로를 자책하는 시간들이 반복됐다. 모유수유를 한다는 핑계로 아이가 울어도 내 배를 먼저 채우고, 밤새 아이가 빽빽 울어도 무던한 나는 깨지 않은 적도 있다. 또 밤낮으로 피곤한 날들을 보내며 남편 퇴근을 기다리지도 못한 채 먼저 잠드는 일도 예사였으니, 좋은 엄마, 좋은 아내가 다짐한다고 쉽게 되는 일이 아니었다. 우선 출산 후 내 몸을 추스르고 감정을 조절하는 문제부터 해결해야 했다.

나 같은 사람, 어디 없을까

아이 키우는 일밖에 안 하고 있는데, 이마저도 잘해내지 못하고 있다는 생각에 우울해졌다. 아이를 여럿 낳아 행복하고 즐겁게 키우고 싶다는 꿈을 키웠던 나는, 현실이 되고 나서야 그것이 허상이었음을 분명히 알 수 있었다. 자연스러운 호르몬의 영향으로 산후우울증이 온 것이었겠지만, 말도 통하지 않는 아이를 보고 있으니 얽매이고 자유롭지 못하고 여유를 부릴 수 없어 외롭고 고통스러웠다. 혼자 하는 육아는 기댈 곳도 없고 힘들게만 느껴졌다. 지친 마음을 보듬어줄 무언가가 필요했다.

첫아이 백일이 가까워지자 정신이 좀 들었다. 출산 후 몸을 풀고 나니 몸이 근질근질한 것이 재미있는 일을 만들고 싶었다. 육아가 좀더 즐거울 순 없을까 욕심이 났다. 원래 나는 그런 사람이었다. 가만히 있는 것을 견디지 못하고, 일이 잘되든 못되든 벌리는 것을 좋아한다. 새로운 사람을 만나 그 사람의 생각을 듣고 알아가는 것이 즐겁고 거기에서 배우는 일이 재미있다. 나는 애 엄마가 되었다고 전과 같이 자유롭지 못할 거라고 우울해하지 말고, '엄마라는 새로운 타이틀'을 달았으니 새롭게 할 수 있는 일이 많아진 거라고 생각을 달리 먹기로 했다.

육아를 하면서도 다시 즐겁고 가치 있는 일을 만들어볼 수 있을 거라는 마음으로 '나 같은 사람'을 찾아 여기저기 기웃거렸다. 스스로를 멋진 사람으로 여기면서 가치 있는 일을 하고 싶은 사람들,

혼자 하는 육아가 외로운 사람들, 사소한 위로와 공감이 필요한 사람들, 그리고 내 아이의 친구들을 만들어주고 싶은 사람들을 만나고 싶었다.

그러다 인터넷 자연주의 출산 카페를 기웃거리던 중, 안양 지역 소모임 '모락모락母樂母樂'을 알게 되었다. 기댈 곳 없이 혼자 아이와 고군분투하면서, 좋은 엄마가 되고 싶다는 마음만으로는 너무도 부족하고 초라하다는 것을 느끼던 그때, 잘하고 싶다는 마음과 개인적인 노력만으로는 어려운 육아에 누군가의 도움이 필요하다는 걸 인정할 수밖에 없었던 그 시기에 알게 된 모락모락은 정말 기대만큼 재미있는 모임이었다.

안녕, 모락모락

모락모락은 안양에 근접한 지역 엄마들의 단출하고 소박한 모임으로 시작했다. 자연출산에 대해 알고 싶어 가입한 인터넷 카페에서, 엄마들은 자연주의 육아에 대해 공유하고자 몇몇 마음이 맞는 엄마들끼리 정기적인 오프라인 모임을 만들어 만나기 시작했다. 같은 지역에 살기 때문에 비정기적으로도 자주 만나 차도 마시고 서로의 집을 오가며 더욱 가까워졌다. 정기적인 모임은 한 달에 한 번 정해진 책을 읽고 모여 생각을 나누는 독서 모임이 중심이었는데, 내가 처음 나갈 무렵엔 이미 이런 모임이 일 년 가까이 이루어지고 있었다. 그때 읽었던 『당신은 당신 아이의 첫 번째 선생님입니다』라는 책은 발도르프 육아를 기본으로 아이 내면의 자연스러움을 이끌어내는 이론과 사례로 가득한 번역서였다. 책을 읽어보니, 자유롭게 뛰어놀던 어린 시절이 생각나면서 '내가 이 책의 좋은 사례들을 잘 받아들여 내 아이에게 적용할 수 있을까' 하는 생각으로 설레었다. 이런 책을 읽는 사람들이라면 나와 비슷한 생각을 가지고 있을 테니 좋은 육아 친구가 될 수 있겠다 싶었다. 처음엔 좀 어색했지만 그들과 같은 색으로 물드는 데는 오랜 시간이 걸리지 않았다. 우리는 모두 비슷한 육아 고민들을 안고서 함께 풀어가고 있었다.

아이를 낳고 가장 많이 들었던 생각이 '나는 애나 키우는 쓸모없는 사람'이었다. 주변에선 아무도 그렇게 생각하지 않는데 스스로에게 상처를 주고 우울해했다. 육아 자체가 육체적으로 힘들고 정신적으로도 스트레스가 많은 일이긴 하지만, 아이 낳기 전의 전성기로 다시 돌아갈 수 없다는 상실감이 무엇보다도 컸다. 그런데 모락모락과 함께하는 동안 나는 '애나 키우는 쓸모없는 사람'이 아니라 나 혼자만의 행복이 아닌 아이의 행복도 만들어가야 하는 '꼭 필요한 사람'이라는 걸 깨달았다. 이곳 모락모락에는 자기 자신을 아끼고 사랑하고 그러기 위해 더 노력하는 엄마들이 있었다. 그건 분명 내게 큰 자극이 되었다. 백일이 갓 지난 아이를 안고 지쳐 있는 나에게 이미 모임의 중심에서 많은 일들을 계획하고 있는 그들이 대단해 보였다.

터전 없는 공동육아와 다양한 경험들

모락모락은 한 달에 한 번 교회에서 장소를 제공받아 정기적인 독서 모임을 갖는다. 모락 구성원 중 교회 신자가 있어서 교회 공간을 한가한 요일 오전 시간에 감사헌금을 내고 빌리고 있는데, 장난감이 하나도 없는 넓은 공간에서 아이들은 심심해하지 않는다. 모임엔 어린아이들도 먹을 수 있는 간식만 가져오자고 합의해서 수박, 귤, 사과 같은 제철 과일이나 말린 대추, 고구마말랭이 등을 자율적으로 가져와 나누어 먹는다. 매달 자연주의 출산 카페에 모임 글을 올리면 참석 댓글을 달고 누구든 원하면 함께할 수 있다. 책은 그때그때마다 추천을 받아 다음번 모임에 읽고 와서 책 내용이나 느낌, 경험들을 나눈다. 매달 있는 모임에서는 안건을 내거나 간략한 회의가 진행되기도 한다.

지금 우리는 6개월에 한 번 세 명의 모락지기를 뽑아 연말 모임, 아빠들 모임인 모락부락母樂父樂, 정기 독서 모임을 주관하게 하고, 자주는 아니지만 회의를 한다. 매달 벼룩시장을 열어 돈이 모이면 어디에 기부할지 논의하고, 정기적으로 내는 회비는 없지만 간간히 모임에서 회비를 걷어 쓰고 남는 돈을 어떻게 할지 합의한다.

비공식적인 모임은 공원이나 서로의 집에서 만나 점심을 먹고 되도록 아이들은 아이들끼리 놀도록 둔다. 아이들이 크면서 규칙을 받아들이고 함께 놀 수 있을 정도로 성장해서 이젠 다툼도 적어졌다. 조금 큰 아이들이 규칙을 정해 놀다보니 작은 아이들은 자동적으로 따라간다. 모락모락 초기엔 아이들끼리 일어나는 문제들에 엄마들이 눈을 떼지 못하고 긴장하는 일이 많았는데, 이젠 엄마들도 여유가 생겨 그냥 두고 보기도 하고, 아이들 스스로 해결할 거라고 믿는 마음도 커졌다.

초청 강의

정기 모임은 한 달에 한 번 책 읽고 이야기 나누는 독서 모임인데, 책만 읽고 생각을 나누는 데서 끝나지 않았다. 아이들이 앞으로 살아갈 이 지구가 깨끗하게 잘 보존되기를 바라는 마음으로 녹색당 공동운영위원장 하승수 님을 모시고 지역의 환경 문제나 대안 에너지, 탈핵에 관한 강의를 듣고 엄마들의 작은 노력과 실천으로 할 수 있는 일이 무엇이 있을지 의논했던 적이 있다. 모든 행동의 시작은 문제 인식에 있다. 위험을 인식하고 뭔가 해보려는 마음이 꿈틀대기 시작했다.

같은 지역 내 사회적기업인 '좋은터'의 권연순 님을 모시고 육아 네트워크에 대해 강의를 듣기도 했다. 우리가 가진 자원으로 더 즐겁게 아이를 키울 수 있기를 바라는 마음에서였다. 재능 있는 엄마들과 아이들에게도 도움이 되는 일이 없을까 고민하는 자리가 되었다. 그때 대표님은 이런 육아 네트워크에 관심 가지고 모임을 만들어 함께하고 있는 것만으로도 모락모락이 앞으로 무궁한 발전 가능성을 지녔다며 격려해주셨다.

사회문제에 대한 관심

위험하지만 아이를 유모차에 태우고 릴레이 일인시위에 나섰던 적도 있다. 세월호 참사 이후 깊은 슬픔에 잠겨 있었던 그때, 현수막을 걸어 우리의 생각을 전했다. 그 당시 내 기도는 '내 아이가 안심하고 살 수 있는 안전한 나라를 만들어주세요'였고, 현수막에도 비슷한 내용을 담아 걸었다. 2011년 후쿠시마 원전사고가 터진 뒤 불거진 먹거리 문제에도 엄마들은 예민했다. 내 아이에게 더 좋은 먹거리를 주고 싶어 협동조합 먹거리들로 점차 바꾸었다. 미세먼지 같은 환경 정보도 나누기가 쉬웠다. 확실히 혼자보단 함께 공부하는 쪽이 이해도 쉽고 힘이 덜 들었다. 내 아이가 살 이 나라가 조금이라도 더 깨끗하고 정의롭고 정직했으면 하는 바람으로 엄마들은 사회적 문제에 관심을 가지고 실천하려고 노력했다. 아주 작은 관심으로도, 아주 적은 노력으로도 바뀔 수 있다는 것을 우리는 믿고 싶었다.

엄마들의 재능나눔

모락모락 모임이 생기고 초반엔 품앗이 육아도 해보려고 했는데, 아이의 발달시기가 맞지 않고 정보와 경험 부족으로 시행착오를 겪었다. 대신 우리는 서로의 집에 모여 재능나눔을 했는데, 이것은 엄마들에게 자기계발 및 여가 시간이 되었고, 아이들끼리도 자연스럽게 모여 친해질 수 있는 계기가 되었다.

발도르프 과정을 공부하고 아이들을 돌본 경험이 있던 한 엄마는, 책만으로는 이해하기 힘든 내용을 쉽게 설명해주었다. 형태가 정해지지 않은 자연물을 장난감 삼아 상상력을 동원하여 자유롭고 자연스럽게 노는 것, 어른들의 개입을 최소화하고 지나친 규율이나 외적 통제보다는 아이 스스로 내면의 이야기에 귀 기울이며 성장하도록 돕는 것이 중요하다는 것을 알게 된 후, 우리는 모여 나무나 뜨개실로 장난감을 만들어주며 아이 내면의 소리에 귀 기울이는 엄마가 되려고 노력했다. 지금까지도 이어지는 만들기 모임은 엄마들에게 보람과 즐거움을 준다. 목도리나 모자를 뜨면서 차를 마시고 이야기를 나누고, 펠트로 아이들 놀잇감을 만들어주거나 손바느질로 인형을 만들기도 했다.

일주일에 한 번 우쿨렐레 연습 모임도 열어, 악기 다루는 데 재주가 많은 엄마가 재능나눔을 해주었다. 그전까지 한 번도 음악교육을 받아보지 못한 내가 처음으로 코드를 잡고 노래 한 곡을 완주했을 때는 금방이라도 음악가가 된 양 얼마나 뿌듯하던지! 따뜻한 봄날, 더운 여름, 시원한 가을 내내 베짱이처럼 매주 공원에 나가 어설픈 실력이지만 우쿨렐레를 튕기며 노래를 부르고 즐거워했다. 이런 일들이 모두 아이만을 위해서라고 할 수 있을까? 아이에게 줄 것을 만들자고 하면서 엄마들끼리도 더욱 돈독해졌다. 아이들의 놀이에 크게 개입하지 말자고, 짐짓 방치 아닌 방치를 하면서 엄마들도 각자 즐거운 시간을 보낼 수 있었다.

동종요법 공부

되도록 약을 쓰지 않고 아이를 키우자고 단단히 마음먹을 수 있도록 서로 의지가 되어주기도 했다. 아이가 아파하는 모습을 보면서 해열제나 항생제를 먹이지 않는 건 힘든 일이었지만 아이가 스스로 면역력을 갖고 병을 이겨낼 수 있기를 바라는 마음이었다. 증세에 좋은 음식만으로도 금세 호전되었고, 그러면서 더 건강해지는 아이들을 볼 때마다 안도의 한숨을 쉬었다.

2014년도에 동종요법 소모임도 만들어 선생님을 초빙해 강의를 들었다. 이때 배운 내용을 바탕으로 동종 약에 대한 지식을 재능나눔 해주는 엄마도 있다. 어느 한쪽에 치우칠 생각은 없다. 무엇이든 많이 배우고 익혀서 그 안에서 각자 길을 찾고 서로 생각이 다름을 인정한다. 건강한 아이를 키우는 것은 모든 엄마들의 바람일 테니까 그 본질을 잊지 말자고 말이다.

가족 모임 모락부락

2014년 7월 무덥던 어느 여름날 밤에는 '모락부락'이라는 이름으로 아빠들까지 함께한 첫 번째 가족 모임을 했는데 그날이 아직도 생생하게 기억이 난다. 그때 우리는 세월호 추모시를 지어 읊었는데, 금세 눈물바다가 되었다. 우리는 모두 누군가의 엄마이자 아빠여서 감정이 이입되어 더 슬픔이 깊었다. 그렇지만 다 같이 희망

찬 노래도 부르며 아이들을 기억하고자 했다. 보쌈과 전을 만들어 나누어 먹고 밤에는 남은 가족들끼리 맥주도 마셨다. 기타를 잘 치시던 어떤 아빠의 공연은 돈을 주고도 못 들을 공연이었다. 아이들은 지쳐 잠이 들고, 깜깜한 밤에 벌레소리 자욱한 그 여름밤은 잊지 못할 추억으로 남아 있다. 우리는 그날 이후 매년 정기적인 모락부락 모임을 이어나가고 있다.

벼룩시장과 나눔

함께 육아를 하다 보면, 누가 시키지 않아도 자연스레 되는 유익한 일이 있는데 그게 바로 육아용품을 나누는 것이다. 독서 모임이 있는 날 작아진 옷이나 필요 없어진 아이용품들을 들고 나와 작은 벼룩시장을 열었다. 흥미 없어진 장난감이나 인형들도 재미있게 놀아줄 새 주인을 만나고, 작아진 옷이나 신발들도 다시 한 번 누군가를 따뜻하게 해줄 기회를 얻었다. 그렇게 모은 돈은 굿네이버스에 소아암 환우를 돕는 데 기부했다.

잠시 쉬었다 갈까?

2013년 여름에 첫 모임을 가진 후 모락모락은 행복한 육아를 실현해보려고 많은 시도를 했다. 일주일 중에 며칠을 정해진 곳에서 만나 아이들과 엄마들이 같이 시간을 보내고 지난 독서 모임에서 배웠던 지식이나 이론들이 일상에서 어떻게 적용되는지도 실험해 보았다. 아이 성장에 맞춰 율동도 하고, 노래도 부르고, 인형극도 하고, 그렇게 모여 있으면 웃음이 끊이질 않았다. 얼마 지나지 않아 엄마들은 서로 의지하며 이 모임을 정말 소중히 여기게 되었다. 아이 키우는 일에만 전념하면서 그 외의 일에 쏟을 만한 에너지는 남아 있지 않은 것 같다고 생각했는데, 이렇게 멋진 사람들을 만나니 신기하게도 새로운 에너지가 솟아났다.

'유대'라는 건 정말 놀라운 힘이다. 우리는 '육아'라는 공통 관심사를 가지고 서로의 경험을 존중하고, 배우고, 위로받고, 다른 사람의 슬픔에 같이 눈물 흘렸다. 누군가의 일을 내 일같이 기뻐하고 슬퍼할 수 있는 유대감 속에서 어떻게 하면 내가 이 사람들에게, 아이들에게 도움이 될 수 있을까를 진심으로 고민하게 되었다.

우리들에게도 위기가 없었던 것은 아니다. 엄마들의 즐거운 모임이 이어지는 동안 아이들의 돌발행동은 늘 엄마들에게 어려운 숙제였다. 모임 초기에 두 돌 즈음의 아이들이 많았는데, 아이들의 돌발행동으로 당혹스러운 상황이 많이 벌어졌다. 내 아이가 상처 받으면 어쩌나, 내 아이가 누군가에게 피해를 주면 어쩌나 하는 고민은 당연했다. 한동안 모임 참석률이 낮아져서 정기적인 독서 모임도 중단할 수밖에 없었다. 아이들이 성장하면서 상황이 많이 좋아진다는 걸 다들 그때는 잘 몰랐다. 모락모락은 잠시 쉬었다 갈 필요가 있었다.

이렇게 멋진 사람들을 만나니
신기하게도 새로운 에너지가 솟아났다.
'유대'라는 건 정말 놀라운 힘이다.

공식 모임이 잠시 중단되었을 때도, 시간이 되는 엄마들끼리는 모임을 계속 이어갔다. 누구라도 이 모임의 기본 형태는 유지하고 있어야만 할 것 같았다. 모락모락 초기에 느꼈던 가슴 벅참을 우리가 앞으로 만날 사람들과도 나누고 싶었다. 공식 모임을 잠시 쉬는 동안 우리가 더 단단해지고 예전 같은 공허함을 겪지 않도록, 어떻게 이 모임을 지켜나갈 수 있을지 고민하며 몇 달이 흘렀다.

그런 고민을 하던 2015년 여름, 모락모락 식구들은 틈만 나면 계곡에서 모여 놀았다. 비가 온 다음 날이면 과천 계곡에 물이 불어난다. 누구랄 것도 없이 도시락을 싸들고 먼저 계곡으로 나섰다. 아이들은 물고기 구경도 하고, 지천으로 널린 돌멩이를 주워 물속에 하염없이 던지며 신나 했다. 물을 바가지에 폈다 부었다 하며 놀기도 하고, 자연이 만들어준 워터파크에서 튜브를 띄워놓고 그 위에 몸을 기댄 채 유유히 놀기도 했다. 엄마들은 커피도 나눠 마시고, 수박도 잘라먹고, 집에서 챙겨온 나물들로 비빔밥도 해먹으며 그 계곡에서 한 계절을 보냈다. 우리는 더 가까워지고, 아이들끼리도 서로 기억하고 찾는 사이가 되었다.

그렇게 여름이 지나고 가을부터 모락모락은 또 다른 모습으로 돈독해졌다. 남아 있는 사람들이 그렇게 자리를 지키고 있으니 또다시 새로운 사람들이 하나둘 들어와 모임이 북적북적해지기 시작했다. 이사 갔던 사람들도 돌아오고 둘째들도 생기며 식구가 늘어나고 있다. 새로운 사람들이 구성원으로 들어오니 또 새로운 일들이 계속 생겨났다. 누구나 이 모임의 주인이므로 새로 온 사람도 원래 있던 사람도 자신이 애정을 보인 만큼 얻어가는 것이 있다. 잠시 쉼표를 찍었던 모락모락은 그 시간들을 계기로 더욱 단단해졌다.

이젠 상상할 수도 없어, 우리 만나기 전을

어느새 3년이라는 시간이 지났다. 첫째와 함께한 시간. 그리고 모락모락을 알게 된 지. 그동안 우리집엔 식구가 하나 늘었다. 아이를 임신하고 있는 동안 첫째와 임산부를 배려해주던 따듯한 마음들을 잊을 수 없다. 육아용품을 미리 준비하지 않고도 불안하지 않았다. 오랜만에 듣는 신생아 울음소리도 거슬리지 않고 의연하게 대처할 수 있었던 건, 손만 뻗으면 닿는 거리에서 보내오던 진실된 위로와 조언들 덕분이었다. 둘째가 백일쯤 되었는데 막막하지 않다. 물론 두 번째라서 쉽게 느껴지는 것일 수도 있지만 그보다 더 큰 이유는 모락모락이 있어서 힘이 되기 때문일 것이다.

종종 아이들을 재우고 밤에 엄마들끼리 만날 때가 있다. 밤에 나와서 보는 풍경은 엄마가 된 나에겐 과분할 정도로 생소하고 또 감회가 새롭다. 낮에 만나서도 그렇게 많은 이야기를 나누는데, 밤에 만나도 이야기가 끊이지 않는다. 무거웠던 고민을 그들 앞에 내놓으면 가벼워진다. 생각을 주고받다 보면 애매했던 문제의 정답이 보인다. 그리고 웃다 집에 돌아가면 몸은 힘든데 정신은 머릿속 뽀

얀 먼지들을 털어낸 것처럼 개운하다.

예닐곱 엄마들로 시작했던 모임이 서른 명을 웃도는 엄마들 모임으로 가지를 뻗어나갔다. 나무처럼 우리는 자라고 있다. 하나의 큰 나무에 여러 재능을 가진 엄마들이 가지를 뻗고 거기에 사랑스러운 아이들이 꽃처럼 열매처럼 대롱대롱 달려 있다. 잎이 무성해지듯 모락의 추억들이 하나의 큰 맥락 안에서 풍성해진다. 우리에게 매일매일은 첫날이어서 능숙하게 잘 해나갈 수 있을지는 모르겠다. 앞으로 어떤 형태로 육아 품앗이를 해나갈지도 정답은 없는 것 같다. 아이의 가장 행복한 이 시기를 어떻게 함께 보내면 좋을지 같이 고민하고, 그 안에서 엄마들도 자신을 위한 시간을 보내야 한다고 생각한다. 매일 같은 공터에 모여 특별히 하는 일 없이 시간을 보내더라도, 지금처럼 한곳에 모일 수 있다는 생각만으로도 따듯한 위로가 되는 이 모임은 이대로도 충분하지 않을까 싶다.

무엇이 우리를 이어주고 있는지는 모르겠다. 그것은 눈에 보이지도 않고 쉽게 정의 내릴 수도 없는 것 같다. 그렇지만 그것이 내 마음에도 있고 다른 사람들 마음에도 있어서 그 신비로운 힘이 우리를 한곳에 모이고 싶게 만들고 있다. 육아, 이 외롭고 고독한 길을 함께 걸어가며 행복한 엄마가 될 수 있게 도와주는 모락모락. 이 사람들을 만나지 못했다면 어땠을지 이젠 상상도 할 수 없다.

십대와 유아, 서로 돌보며 자라는 교육공동체

신나는 배움터 두런두런 · 어린이 뜨락

대전 지역에서 아이들을 함께 키워보자고 모인 엄마와 아이들이 위탁형 대안학교 청소년들과 어울리면서 서로 영향을 주고받는 모델이다. 독일의 마더센터와 유사한, 수시로 편하게 드나들 수 있는 육아사랑방 같은 곳을 만들고 있기도 하다.

차상진 · 하태욱

차상진은 아동의 능동적인 배움을 강조하는 '하이스코프' 전문가로 유아교육 박사 과정에서 공부 중이며, 하태욱은 건신대학원대학교 대안교육학과 교수로 대안적 교육을 연구 실천하고 있다. 부부는 대안학교에 자녀를 보내고 있기도 하다.

신나는 배움터 두런두런

아이를 키우려면 온 마을이 필요하다는데 도대체 마을은 어디 있는지 모르겠다. 건신대로부터 대안교육학과를 개설할 테니 맡아달라는 제안을 받고는 서울생활을 정리하고 대전으로 내려와 보니 상황이 그랬다. 건신대 총장님은 오랫동안 지역에서 마을공동체를 만들기 위해 애써 오셨다는데, 구도심 빌라촌 주변에서 마을공동체란 그림의 떡 같은 것일지도 모른다는 생각이 들었다. 일단 마을공동체는 장기적인 과제로 접어두고 대안교육학과를 안착시키는 일에 집중하기로 했다.

대안교육학과를 세우고 강연과 연구를 시작한 지 얼마 되지 않아 불쑥 대전광역시교육청에서 대안학교를 운영해달라는 요청이 왔다. 학업중단 위기 학생들이 학교 밖에서 학업을 이어가게 돕는 위탁 대안학교를 꾸려오던 민간 위탁자가 갑자기 그만두어 급하게 학생들을 보낼 곳이 필요하다는 얘기였다. 기존 위탁학생 50명쯤을 맡아달라는데, 대학에 갑자기 그런 공간을 만들기란 쉽지 않았다. 공간도 공간이지만 학생들과 함께할 교사진을 꾸리는 게 더 큰 문제였다. 대안교육학과를 개설한 지 고작 일 년 조금 넘은 상황이라 역량을 쌓기까지는 시간이 더 필요했다.

그렇다고 당장 학생들이 갈 곳이 없다는 요청을 외면하기도 어려워 우선 스무 명만 맡아보겠다고 하고 대안교육학과 교수와 석박사 과정 학생들이 모두 달려들었다. 우선 대학재단의 모체인 교회로부터 사용하지 않고 있던 공간을 무상으로 임대받아 거미줄을 걷고 곰팡이를 닦아냈다. 교육청에서 나오는 예산은 프로그램비로만 쓸 수 있기 때문에 책걸상이나 냉난방 시설 같은 것은 모두 주변에서 도움을 받을 수밖에 없었다.

그렇게 문을 연 '신나는 배움터 두런두런'(이하 두런)은 관계 맺기와 자발성을 가장 핵심으로 설정하고, 단순히 학교에서 적응하지 못한 학업중단 위기 학생들을 '수용'하는 것이 아니라 학교와는 다른 방식으로 신나는 공간, 두런두런 이야기를 나누는 공동체, 그리고 배움으로 삶을 만드는 Do learn Do run 플랫폼을 지향했다.

위탁 대안학교에 오는 학생들은 '학업중단 위기 학생'으로 분류된 학생이다. 그러다 보니 학교측에서도 큰 기대 없이 학적이나 유지하라는 의미로 학생들을 보내고, 학생들도 무작정 학교를 그만두느니 한번 가보기나 하자는 심정으로 별 기대 없이 온다. 이 청소년들을 받는 위탁기관들도 대안교육에 대한 전문성이나 고민보다는 스스로 '임시방편' 역할에 만족하는 경우가 많았다. 그러다 보니 대안교육의 전문 연구기관이자 양성기관인 대학이 나서서 고민하며 청소년들과 관계 맺는 모습이 신선하게 받아들여진 듯했다. 또한 대안교육 불모지였던 지역에서 민주적이고 자발적인 방식으로 스스로 교육을 만들어가는 모습이 신선한 충격을 준 측면도 있었던 듯했다. 마음껏 게으를 수 있는 공간, 관계 중심의 문화, 자발성을 기반으로 하는 프로젝트 중심 교육과정 등 대안교육이 새롭게 조명 받는 현실이 오히려 낯설게 느껴지기도 했다.

청소년들을 대하는 진정성이 지역에 알려지면서 대기자 명단이 길어졌다. 두런이 아니면 학교도 다른 위탁기관도 가지 않겠다는 학생들이 생겼으니, 오히려 학업중단을 방지하기 위한 두런이 학업중단을 양산하는 모순에 빠지게 되었다. 대기자 명단을 없애고 정원을 조금씩 늘려가다 보니 4년차였던 2016년에는 50명의 학생들과 함께하게 되었다. 대학조교 아르바이트 수준의 보수에도 헌신적으로 아이들과 만나온 대안교육학과 석박사과정 출신의 교사들이 있었기에 가능한 일이었다. 교육청에서 나오는 예산은 1인당 공교육지원금에 비하면 형편없는 수준이고 그나마도 인건비나 시설비로는 사용할 수 없기 때문에 상당 부분을 후원과 희생에 기댈 수 밖에 없는 조건이었다. 하지만 연구와 실천이 결합된 새로운 교육을 지역을 기반으로 모색하겠다는 사명감으로, 교육청에서 바라는 '학교 복귀'에 초점을 맞추기보다는 스스로 자립하여 자기 삶의 길을 모색하는 데 방점을 찍는 작업장학교로의 전환을 차근차근 준비하고 있다.

공동육아어린이 뜨락

'공동육아어린이 뜨락'(이하 뜨락)의 시작도 미리 계획된 것은 아니었다. 지역에서 아이들을 함께 키워보면 어떨까 하는 부모들이 모여 자조 모임을 만든 것이 출발점이었다. 그 자조 모임이 대전시의 공동체 지원사업을 따내면서 보조금으로 교육과 생활에 관한 강좌를 함께 기획했다. 우리 부부가 '육아와 교육에 대한 속풀이 살롱'(집단상담)에 강사로 초대되면서 인연을 맺게 되었다.

아이들을 '잘' 키워보겠다고 애쓰는 젊은 부모들을 보면서 같은 지역에 사는 선배 부모이자 전문가로서 도움이 되고 싶다는 생각에 자리를 함께했다. 모임이 계속될수록 아이를 기관에 맡기지 말고 우리 손으로 키워보자는 공동육아에 대한 요구들이 올라왔다. 그런데 이야기가 더 구체화될 즈음 구성원들이 둘째 임신과 복직 등의 개인 사정들로 하나둘씩 떨어져 나갔다. 공동육아 지원사업은 따왔는데 결국 해가 바뀌자 남은 사람은 둘째를 낳고 돌아온 엄마 한 명과 우리 부부뿐이었다. 난감했지만 지원금을 받아놨으니 무를 수도 없고, 딱 일 년만 해보자며 세 사람이 의기투합했다. 앞서 두런에게 공간을 지원했던 교회가 이번엔 영유아실을 개방했다. 마을교회를 지향하면서 목회자도 함께 결합해 돕기로 했다. 걷지도 못하는 아기 하나에 어른 네 사람이 산책을 다니고 수다를 떨면서 뜨락이 시작되었고, 주변에서 기관에 아이를 맡기지 않는 부모들이 하나둘씩 결합되면서 다시 핵심 멤버가 꾸려졌다.

처음 뜨락의 모델은 영국의 영유아 드롭인Drop-in센터였다. 전일제 공동육아어린이집을 세워보자는 의견도 있었지만, 일단 마음을 모아 작은 공동체부터 운영해본 후 어린이집을 설립하는 것이 더 좋을 거라는 생각이 들었다. 우리 부부가 영국에서 아이를 낳아 키우면서 크게 혜택을 받았던 드롭인센터는 아이와 함께 갈 수 있는 '사랑방' 같은 공간이다. 보호자가 아이와 함께 언제나 들를 수 있는 그곳에는 아이가 좋아하는 놀잇감이 다양했다. 아이들이 스스로 실내외에서 놀이를 이어갈 수 있게 조성되어 있어 교육적으로도 도움이 되었다. 만리 타국에서 다른 가족의 도움 없이 육아와 공부를 병행해야 했던 우리 부부에게는 정말 숨통 트이는 공간이었다.

드롭인센터의 장점은 아이들에게만 초점을 맞춘 공간이 아니라는 점이었다. 이곳에서는 아이를 데리고 방문하는 보호자들 역시 이용자로서 배려의 대상이었다. 자유롭게 부엌에서 차를 끓여 마시며 다른 보호자들과 편히 관계를 맺을 수 있었고, 그러면서도 아이들이 노는 모습을 한눈에 지켜볼 수 있었다. 아이와 할 수 있는 베이비 마사지, 유아체육 같은 프로그램도 진행되었다. 일주일에 몇 번은 부모, 조부모, 입양부모, 보모 등 다양한 보호자들을 위한 교양강좌나 다양한 인종을 위한 맞춤강좌도 있었는데, 한두 시간 동안 아이를 맡기고 강좌에 집중할 수 있도록 탁아 프로그램도 마련되어 있었다. 무엇보다도 이 공간은 아이를 한 발짝 떨어져 볼 수 있는 여유와 함께 다양한 정보 교류, 일상으로부터의 전환이 일어난다는 점에서 매우 소중한 곳이었다. 영국에서의 드롭인센터에 대한 자료를 좀더 모으고자 찾아다니던 중 독일에는 마더센터Mother Center라는 이름으로 거의 비슷한 기관이 영국보다 좀더 여성운동적 차원에서 민간 주도로 퍼져 있다는 사실을 알게 되었다.

마더센터 운동

마더센터는 지역의 부모와 아이들 그리고 노인들이 공동체로 만나는 새로운 장을 펼치고자 하는 목적으로 만들어졌다. 놀이 모임, 토론그룹, 의료보조, 언어와 컴퓨터 교육, 가정에서 실천할 수 있는 생태적 생활, 대체의학, 장난감 도서관, 아나바다 장터, 그리고 장보기 보조나 동반 보조, 가족 나들이와 세대간 한마당, 거기에다 바느질이나 탁아, 노인 돌봄, 식사와 빨래 같은 생산 활동까지 다양한 활동들이 일어난다. 공간은 지자체나 재단, 비영리단체, 교회나 YWCA 같은 각종 단체들과 협의를 통해 구한다.

독일에서 1980년에 시작된 마더센터 운동은 근대화와 산업화로 잃어버린 이웃과의 연결고리를 되살릴 필요가 있다는 문제의식에서 출발했다. 여성들에 의해 주도된 가장 인상적인 풀뿌리운동으로 평가받고 있는 이 운동은 지역공동체에서 여성의 잠재적 리더십을 지원하며, 육아를 맡은 여성과 아동을 공적 삶에서 배제하려는 흐름에 도전장을 던지고 있다.

마더센터는 여성과 가족들을 고립과 위기에서 꺼내주고 자신감을 다시 불어넣어줌으로써 삶의 조건을 향상시킬 수 있도록 돕는다. 시혜적 복지 시스템에서 벗어나 때로는 수익을 내는 프로젝트로, 때로는 싱글맘을 지원하는 프로그램을 통해 풀뿌리 여성들의 역량을 강화하는 것을 목표로 삼고 있다. 그럼으로써 가족과 공동체 이슈를 지역 안에서 담론화하고, 지역의 민주적 의사결정구조에 참여하도록 촉진하여 스스로 자기 삶의 주체가 되도록 돕는 것이다.

마더센터 운동은 지난 20여 년간 전 세계로 퍼져나가 현재는 독일, 네덜란드, 오스트리아, 리히텐슈타인, 스위스, 이태리, 체코, 슬로바키아, 불가리아, 보스니아, 헤르체코비아, 미국, 캐나다, 케냐, 르완다, 필리핀 등지에 750여 개의 센터와 모임들이 만들어져 운영되고 있다. 중부 유럽과 동유럽에서는 공산권 붕괴와 전쟁으로 인한 난민과 이주민 문제에 대한 새로운 해법으로 주목받고 있는데, 이들 지역에서는 앞에서와는 다른 의미의 고립이 가장 핵심적인 이슈다. 밑바닥에서부터 민주적인 신뢰 구조를 쌓음으로써 시민사회가 자신감을 회복하여 공동체가 재구성되고 재학습될 수 있기 때문이다.

마더센터의 효과는 부모력 향상과 아동 사회성 발달, 가족관계 개선 등에 다층적으로 영향을 미쳤다. 지역사회를 생동감 있게 만들며 공동체 네트워크를 구축함으로써 풀뿌리 파트너를 지방정부와 연결시키는 역할을 하고, 가족 역량을 강화하여 자신의 삶을 책임지는 동시에 다른 사람들을 돕는 잠재적 협력 네트워크를 구축하는 것이다. 이는 뜨락이 지역사회에서 하고자 하는 역할과 정확하게 들어맞아 보였다. 한국에서는 아이를 기관에 보내지 않으면 집 안에 갇힌 독박육아에 우울한 상태가 되거나, 유모차를 끌고 아파트 놀이터를 배회하거나, 지갑을 열어 문화센터와 키즈카페를 전전해야 하는 실정이기 때문이다.

마을마다 노인들이 아무 때고 갈 수 있는 노인정이 있는 것처럼, 아이들을 데리고 갈 수 있는 유아정(乳兒庭-노인정이 정자라는 의미의 한자 '亭'을 쓰는 반면 유아정은 정원이라는 뜻의 '庭'을 쓰는 것이 더 좋겠다고 생각했다. 그래서 우리 이름도 '어린이 뜨락'이다)이 필요하다는 생각이 들었다. 아무 때나 갈 수 있고, 아이들 놀잇감이 교육적인 요소를 고려해 선별되어 있으며, 부모들의 성장을 돕는 강좌도 여는 공간이 한국에도 있으면 좋겠다고 생각했다. 여성가족부가 운영하는 건강가족센터에 '공동육아나눔터'가 비슷한 모양새를 가지고 있지만 대전의 경우 구도심과는 많이 떨어져 있는데다 공동체가 구성되지 않은 채 공간만 덩그러니 있어 생동감이 없었다.

협동조합 방식으로 지역자원들이 결합해서 함께 만들어보자는 제안으로, 건신대와 예뜰순복음교회가 합류하게 되었고 2016년도에는 고용노동부에서 시행하는 사회적 기업가 육성사업에 선정되었다. 취지에 맞게 사회적 협동조합을 구성하고자 했지만, 담당 공무원은 키즈카페도 어린이집도 아닌 이 '특이한' 공간을 규정할 규정을 찾지 못했다는 이유로 승인을 해주지 않았고, 우리는 일반 협동조합으로 시작할 수밖에 없었다. 그 와중에 핵심 구성원들이 지치기도 하고, 각자가 원하는 공동체의 상이 달라 갈등을 겪기도 했으나 지금은 어느 정도의 공동체성이 생겨났다. 이제 남은 과제는 협소한 교회 영유아실을 벗어나 아동친화적인 독립공간을 리모델링하는 것. 더 많은 공동체 구성원(조합원)을 모으는 것, 운영의 안정성과 지속가능성을 확보하고 더 나아가 전일제 공동육아어린이집을 함께 여는 것이다.

세대 통합, 서로를 돌보는 경험

여기까지가 두런과 뜨락, 각자의 이야기다. 사실 두런과 뜨락은 우리 부부나 건신대, 예뜰순복음교회라는 지역자원을 공통분모로 갖고 있었지만 서로 특별한 관계를 맺거나 교류를 하진 않았다. 뜨락과 두런, 이 둘의 만남 역시 각자의 시작처럼 우연히, 교차되는 공간 속에서 자연스럽게 일어났다. 둘이 서로의 존재를 알게 된 것은 지난 3월. 학생 수가 늘어난 두런이 더 넓은 공간을 찾아 교회 교육관으로 이사를 오면서부터다. 봄볕이 따뜻해지고 30도를 웃도는 불볕더위가 이어지는 여름을 지나며 뜨락 꼬마들은 교회 마당에서 색분필로 그림을 그리고, 모래놀이를 하고, 물놀이를 했다.

그러던 어느 날, 지나가던 두런 청소년들이 자연스럽게 들어와 함께 놀다 가면서 두 공동체의 만남은 시작되었다. 어느 순간부턴가 뜨락 꼬마들은 아무 때고 "저~기 계단 내려가서 언니 오빠들 만나고 오면 안 돼?" 묻기 시작했다. "안 돼, 언니 오빠들 수업시간이야" 하며 말렸다는 이야기를 하다 그 '언니 오빠'들도 뜨락 꼬마들을 보러가고 싶어 했다는 사실을 알게 되었다. 관계가 조금씩 형성되면서 언니, 오빠, 형, 누나들은 쉬는 시간이나 점심시간에 일부러 들러서 꼬마들과 함께 뒹굴고 책도 몇 권씩 읽어주다 돌아가곤 했다.

그러던 어느 날이었다. 뜨락과 건신대 대안교육연구소 공동주최로 학부모 강연을 기획했는데 부모들이 강연에 참가하는 동안 아이들을 돌보는 일이 문제였다. 부모들이 공부하기 위해 모였는데, 공부는커녕 남의 아이들까지 돌봐야 하는 상황이라면 힘들게 준비하는 행사가 무슨 의미가 있을까 하는 고민이 들었다. 이때 번쩍 떠오른 두런 친구들. 어쩌면 구원병이 되어줄지도 모를 일이었다. 자칫 청소년들에게 애 보기를 떠맡기는 꼴이 될 수도 있기에 조심스럽기도 했지만, 두런 청소년들 중 몇몇은 패스트푸드점에서 아르바이트를 하고 있다는 이야기를 들었던 터라 행사 도우미를 제안해보기로 했다. 놀이마당을 계획하고, 지출할 수 있는 예산을 상정한 후에 두런 선생님들께 먼저 제안을 했다. 두런에서는 논의 끝에 '흔쾌히 받아들이되 청소년들에게만 유아들을 맡길 수는 없으니 교사 한 명도 함께하겠다'는 답변이 돌아왔다. 행사는 잘 마무리되었고 이것을 계기로 뜨락과 두런의 동맹 관계는 조금 더 단단해졌다.

일이 되려면 크게 의도하지 않아도 아귀가 딱 들어맞는 경우가 있다. 8월 중순 뜨락에서는 가을 프로젝트로 '마을 놀이지도 만들기'를 계획하고 있었다. '마을 곳곳을 돌아다니며 우리에게 맞는 놀이터를 찾아보자!'는 원대한 취지는 있었지만 이것을 어떻게 진행해야 할지 구체적인 고민이 계속되고 있었다. 유아들과 지도를 만들 수 있을까? 그곳에서 어떤 놀이들을 끌어낼 수 있을까? 그러던 중 두런에서 먼저 이런 제안을 해왔다. "우리 뭔가 같이 해보면 어때요?"

옳다구나, 거절할 이유가 없었다. 먼저 뜨락 부모들과 두런 교사가 만나 이야기를 나눈 끝에, 뜨락에서 계획한 마을 놀이지도 프로젝트에 두런의 청소년들이 합류하는 쪽으로 방향이 정해졌다. 구성원은 두런 소속 고등학교 남학생 1명, 여학생 4명, 교사 1명과 뜨락 소속 유아 9명과 부모 5명. 가장 궁극적인 목표는 '함께 재미있게 놀아보자'인데, 그 안에서 두런 팀은 마을지도 그리기와 함께 만남의 과정을 영상으로 기록하고, 뜨락 팀은 그 안에서 소소한 놀거리들을 찾아보기로 했다. 놀이 후 함께 나눠 먹을 간식 준비도 뜨락 부모들 몫이 되었다.

그런데 이것만으로는 뭔가 부족함이 느껴졌다. 좀더 구체적인 가이드라인이 필요했다. 개념적 틀과 그 안에서 모든 구성원을 한 방향으로 이끌어줄 암묵적인 합의 사항. 그래서 이런저런 자료들을 찾아보기 시작했다. 학문적으로는 이것을 '세대통합' 혹은 '세대공동체'라고 부르며, '다양한 세대의 사람들 간의 협력, 상호작용 및 상호교류를 증진시켜 참여자들로 하여금 연령통합 사회의 풍요로움이 가져다주는 즐거움과 이익을 누리도록 한다'는 의미를 부여하고 있었다.(http://www.gu.org)

세대통합 프로그램이 본래 의미를 잃지 않고 진행되기 위해서는 다섯 가지가 필요하다. 만남을 지속할 수 있는 '시간'과 '장소', 모든 구성원이 주체로 참여하는 '자발성(주도성)'과 구성원들 간의 '적극적인 상호작용', 그리고 '평가'가 그것이다. 프로젝트가 본격적으로 시작되기 전에 이 다섯 가지 사항을 뜨락 부모들과 두런 교사가 함께 공유했다. 이제 막 대학을 졸업한 두런 교사는 청소년들과 친구처럼 지내면서 그들이 주체로 참여할 수 있도록 격려한다. 동시에 뜨락 부모들에겐 우리가 모두 참고해야 할 청소년 개개인에 대한 정보들을 귀띔해준다. 뜨락 부모들은 이 일이 청소년들에게도 의미 있는 일이 되도록, 즐겁게 참여할 수 있으면서 의미 있는 교육적 장치들을 함께 고민하고 구상한다.

이렇게 해서 뜨락과 두런이 함께하는 마을 놀이지도 프로젝트는 매주 화요일과 목요일에 진행되고 있다. '놀이지도 만들기'라는 구체적인 목표를 가지고 있지만 그 진행 방식은 다양하게 열려 있다. 화요일은 주로 실내공간에서 만나 함께 요리를 해먹거나 놀이

"함께하는 시간이 너무 좋다"는 두런의 청소년들이나
"언니, 오빠, 형이랑 누나들은 언제 오냐"며 시도 때도
없이 묻는 뜨락 꼬마들의 반응은 어쩌면
시시콜콜한 고민과 노력을 멈추지 않는
공동체가 꾸려진 덕분일 것이다.

를 하고, 목요일에는 마을 구석구석을 산책하며, 유연한 방식으로 진행한다. 두런 청소년들이 보자기로 풍선 띄우기나 도형놀이처럼 유아들과 함께 할 수 있는 놀이를 준비할 때도 있고, 뜨락에서 부모들과 연계된 '한살림 생산자와의 만남' 여행에 청소년들을 초대할 때도 있다.

  서로의 일정에 따라 가끔은 만남이 취소되기도 하고, 호혜적인 지원이 이루어지기도 한다. 예를 들면, 뜨락 부모들이 진행하고 있는 '사회적 기업가 육성 사업'에서 의무교육이 있을 때 두런 팀은 뜨락 꼬마들의 돌봄을 맡아주었고, 두런 팀이 기차여행을 갈 때 뜨락에서는 점심 도시락과 지원금을 준비했다. 때로는 각각 기획한 프로그램에 서로 참여하면서 프로젝트가 확장되기도 한다. 뜨락 부모들은 두런 학교에서 기획한 낡은 티셔츠를 이용한 업사이클 재활용품 만들기 수업을 함께했으며, 두런 청소년과 교사는 뜨락 부모들이 역량 강화 프로그램으로 기획한 '밧줄놀이' 교육에 참여했다. 숲속에서 진행된 이 프로그램에는 교사 외에도 차량지원을 위해 온 40대 남자교사까지 합세해 풍성한 마을놀이터가 되었다. 밧줄을 연결해 나무 사이에 그네도 만들고, 다리도 연결하며 유아, 청소년, 어른 할 것 없이 다 함께 숲놀이를 즐겼던 시간은 지금까지 진행된 마을놀이 프로젝트의 하이라이트로 기억된다.

  즐거운 기억은 또 다른 즐거움을 구상하게 만든다. 앞으로 밧줄놀이에서 배운 노하우를 총동원해 사람들을 초대할 수 있도록 숲속 팝업 놀이터를 계획 중이다.

함께하는 시간이 좋다

모든 구성원들이 주체로 자리매김하기 위해 소통만큼 중요한 것이 또 있을까? 이 프로젝트를 함께 꾸리는 어른들은 청소년들의 생각이 항상 궁금하다. 하지만 예민한 청소년의 심중을 파악하기란 결코 쉽지 않은 일. 뜨락 부모들은 농담처럼 '자꾸 두런 친구들 눈치를 살피게 된다'고 말한다. 청소년 아이들이 싫은 내색을 하거나 반항을 한 적은 한 번도 없었지만 혹여 어른들의 말 한마디, 행동 하나가 아이들을 불쾌하게 만들지는 않을까, 그래서 오고 싶지 않다고 하면 어쩌나, 어른들은 늘 조심스럽다.

어쨌거나 쉽지 않은 일을 그나마 수월하게 만들기 위해 어른들은 다양한 소통 방법을 마련했는데, 매번 후기를 적는 '한줄 노트'가 그것이다. 여기에는 "오늘 간식으로 나온 배가 참 맛있었다"는 아주 사소한 이야기부터 "길을 걸으며 오늘처럼 주변을 살펴본 적은 없었을 거다", "아이들과 있으니 내 정서가 점점 맑아지는 것 같다"는 소감까지 시시콜콜한 생각과 느낌들이 적히는데, 단 몇 줄로 적힌 청소년들의 글은 어른들에게는 다음 계획을 준비하고 평가하는 데 중요한 키워드가 되기도 한다.

한번은 이런 일이 있었다. 청소년들의 자발적 참여를 유도하기 위해 뜨락 아이들과의 산책 코스를 두런 친구들이 정하기로 했는데 알고 보니 목적지가 '방방클럽(트램펄린 타는 곳)'이었다. 일단 다녀오긴 했지만, 엄마들 사이에는 마을 뒷산이나 공원, 놀이터,

대학 캠퍼스, 공공기관 등 '이미 있는' 자원에서 놀거리를 찾아보자는 취지의 마을놀이에 돈을 내고 들어가는 상업공간이 어울리는지에 대한 문제제기가 있었다. 상업공간은 지양하자는 '올바른' 결론을 내고 며칠 후, 한줄 노트 구석에서 두런 친구들이 쓴 글을 발견했다. "아이들(유아들)의 체력 단련을 위해 방방이(트램펄린)를 함께했으면 좋겠다"는 한 줄이었다. 그것을 본 뜨락 부모들의 의견은 "그렇다면 얘기가 달라진다"로 변했다. 몇 줄 안 되는 글이니 더욱 꼼꼼히 읽고 행간의 의미까지 파악해야 한다고 낄낄거리면서. "함께하는 시간이 너무 좋다"는 두런 청소년들이나 "언니, 오빠, 형이랑 누나들은 언제 오냐"며 시도 때도 없이 묻는 뜨락 꼬마들의 반응은 어쩌면 시시콜콜한 고민과 노력을 멈추지 않는 공동체가 꾸려진 덕분일 것이다.

두런의 청소년들은 학기말 교과발표회 준비로 분주한 와중에도 틈틈이 뜨락을 찾아와 동생들과 어울리다 돌아갔다. 그리고 뜨락 부모들은 두런의 교과발표회 때 꼬마들의 축하무대를 준비해볼까, 하며 '함께할 수 있는 일'을 고민했다. 서로가 서로에게서 배우고 깨닫는 일은 시나브로 찾아든다. 학기가 끝나고 졸업을 맞이한 두런 청소년 몇몇은 실제로 보육과 유아교육을 진로로 삼았다. 이전까지는 자신이 아이들을 좋아한다는 사실조차 알지 못했는데 뜨락 아이들과 어울리면서 새로운 세상을 만나게 되었다고 한다. 물론 뜨락의 문화와 앞으로 보육·유아교육 전공자로서 만나야 할 실제 세상은 매우 다를 수도 있을 것이다. 그럼 어떤가. 세상은 복잡하다는 것을 깨닫는 것 역시 소중한 배움이다.

두런의 한 친구는 어린이집이나 유치원에 아이를 보내지 않는 뜨락의 부모들을 보면서 처음에는 신기하다고 느꼈지만 뜨락을 경험하면서 남들과 다르게 사는 자신의 삶에 '좀더 힘을 내도 될 것 같다'고 고백했다. 모두가 당연하다고 여기는 삶과는 다른 길을 비록 스스로 선택했음에도 주변의 좋지 않은 시선으로부터 자유롭지 못했던 자신을 돌아보면서 새로운 길에 대한 소신을 굳힐 수 있었다는 것이다.

청소년들만 깨닫고 배우는 것은 아니다. 뜨락의 한 엄마는 두런학교에 갔다가 누구는 누워 있고 누구는 수다 떨고 누구는 탁구치고 누구는 공부하는 모습에 이게 과연 학교라 할 수 있을까 충격을 받았다고 했다. 그런데 두런 친구들과 깊이 있는 소통을 하면서 이런 배움이 가능하다면 굳이 학교라는 틀과 형식에 스스로를 가두지 않아도 좋겠다는 눈이 뜨였다는 고백이었다. 이렇게 서로 의지하고 서로에게서 배우며 서로를 성장시켜가는 것이 우리에게 필요한 대안이요 전환이고 마을일 거라는 생각이 들었다.

두런과 뜨락이 함께하는 마을놀이 프로젝트 시즌1은 2016년도 말로 마무리되었다. 이젠 더욱 업그레이드 된 시즌2를 준비하고 있다. 흔히 세대통합 교육프로그램이라면 유휴 인력 노인들이 아이들에게 해줄 수 있는 것이라든가, 혹은 아이들이 요양원 노인들에게 활력소가 된다는 복지적 접근으로 다뤄진다. 그런데 사실 공동체는 각각의 주체가 진정한 자신으로 올바르게 살아 있을 때 영속성을 가진다. 복지 역시 호혜적 관계여야 의미가 있다. '나와 너, 우리 모두가 살아 있는' 공동체, '스스로 서서 서로를 살리는' 공동체는 이렇듯 아무것도 아닌 듯한 일상의 작은 노력에서 시작된다고 믿는다.

나를 성장시킨 엄마학교, 품앗이 육아

은평품앗이육아

'책과 함께 자라는 아이와 엄마'를 지향하며 서울 은평 지역에서 십여 년째 활동하고 있다. 품앗이 모임 안에 그림책을 함께 읽고 이야기를 나누는 '엄마는 책벌레' 모임을 꾸리면서 지역 활동도 활발하게 한다.

안세정

은평품앗이육아 전 대표. 삼남매를 키우면서 여전히 활발히 활동하고 있다.
그림책으로 하는 태교 안내서 『엄마의 그림책』을 공저로 내고
그림책 강의를 하면서 엄마들과 독서와 글쓰기 모임도 하고 있다.

초보 엄마, 육아의 쓴맛을 보다

육아의 시작은 내게 당혹스러움 그 자체였다. 산달에 마지막 진료를 받으러 갔다가 갑자기 아기 심장이 뛰지 않는다는 의사 선생님의 말을 듣고 급하게 수술대에 올랐다. 출산 후 통증이 채 가시기도 전에 젖이 돌면서 가슴이 돌처럼 굳어갔다. 젖몸살이 너무 심한데 어떻게든 아이에게 젖을 물려야 했고, 아이가 입을 오물거리면 언제든 가슴을 풀어헤쳐 수유에 온 정신을 쏟았다.

잠은 늘 부족했고, 밥은 제때 먹을 수 없었으며, 집은 치우고 돌아서면 금세 엉망이 되었다. 쳇바퀴 굴러가듯 억눌린 이 삶을 어떻게 견뎌야 할지 답을 찾을 수 없었다. 물론 나를 통해 세상에 나온 아이는 예쁘고 사랑스러웠지만 미처 예견하지 못한 구체적인 일상은 하루하루 긴 터널처럼 느껴졌고, 언제쯤 빠져나갈 수 있을지 앞이 캄캄하기만 했다. 내가 잘하고 있는 건지, 다른 엄마들도 다 이렇게 살고 있는지, 뭔가 잘못되고 있는 건 아닌지 늘 불안했다. 엄마라는 이름으로 덧입혀진 나의 자아는 그렇게 엄청난 통증을 겪으면서 본연의 나를 잃어간다는 슬픔과 엄마 역할에 대한 두려움으로 몸서리쳤다.

그래도 '엄마'니까 참고 견뎌야 한다고 스스로에게 주입시키며, 나름 훌륭한 엄마가 되기 위해 열심히 '탐구'했다. 아이를 건강하게 키우는 일 말고도 '어릴 때부터 적절한 자극을 줘서 영재로 키워야 한다'는 비장한 목표를 가지고 밤중 수유로 잠이 모자란 중에도 아이를 재우고 나면 전화영어로 영어공부를 했다. 새벽까지 '우리 아이 영재로 만드는 법'에 관한 각종 육아책들을 섭렵하고 온라인 커뮤니티를 돌아다니면서 지금 시기에 필요한 장난감이나 교구 정보를 긁어모았다. 그럴수록 나 자신에 대한 부족함을 더 많이 느꼈고, 육아를 즐겁고 알차게 해나가는 다른 엄마들을 볼 때마다 박탈감을 느꼈다.

잠시라도 숨 돌릴 시간이 필요하니 점점 남편의 퇴근 시간에 집착하게 되었다. 남편에게 아이를 맡기고 볼일 보러 화장실에 들어가면, 멍하니 혼자 앉아 있는 그 찰나의 시간이 너무 좋아 넋 놓고 앉아 있곤 했다. 아이를 품에서 잠시 내려놓고 쓰레기를 버리러 나가는 그 시간조차 황홀하게 느껴질 정도였다. "세정아, 지금은 그냥 시간 때우는 중이라고 생각해. '나 죽었다' 생각하고 살아. 다른 엄마들도 다 그렇게 살고 있어." 친한 언니의 진심 어린 조언은 오히려 나를 짓눌렀다. 아이가 커가면서 주는 기쁨은 실로 컸지만, 육아에만 전념하는 내 삶은 전혀 즐겁지가 않았다.

운명처럼 다가온 품앗이 육아

그런 내가 '육아'에 대해 좀 다른 생각을 갖게 된 결정적인 계기가 있었다. 때는 바야흐로 첫아이가 생후 8개월째 접어들던 2009년 3월의 어느 날이었다. 당시 내가 살고 있던 남양주 시청에서 '품앗이 교육 설명회가 있습니다'라는 문자가 왔다. 아이를 낳은 후 교육에 관심이 지대했던 나는 곧바로 신청했다. 그리고 강의 당일 이른 아침부터 친정엄마에게 아이를 맡기고 설명회 장소로 향했다.

사실 설명회보다 혼자 어딘가로 나갈 수 있는 자유가 좋았던 건지도 모르겠다. 시간을 유익하게 보내고 싶은 가벼운 욕심으로 참석한 자리는 뜻밖에도 내게 놀라운 떨림과 메시지를 던져주었다. 서울 신림동에서 딸 여섯을 동네 아줌마들과 함께 품앗이로 키워가고 있는 강사의 경험담. 다만, 마음 맞는 엄마들과 각자 잘할 수 있는 일을 나눠서 아이들을 함께 키우면 된다는 이야기를 들으면서, 그동안 '나 죽었다' 생각하고 어서 시간이 지나가기만을 바라던 육아를 새로운 시각으로 바라볼 수 있게 되었다.

하지만 그 강의 한 번으로 당장 품앗이 육아를 할 수 있는 여건을 마련하기란 역부족이었다. 주변에 친한 엄마들도 없었고 어디서부터 어떻게 시작해야 할지도 막막했다. 결국 첫아이를 나 홀로 13개월 동안 키우고 나서 다시 일을 시작했다. 아침 일찍 아이를 어린이집에 맡기고 저녁에 돌아오는 생활이 시작되었다. 매일 아침 눈물을 훔쳤고, 집에 돌아와서는 종일 어린이집 안에서 답답하게 있었을 아이가 안쓰러워서 마음이 미어졌다.

첫아이를 낳은 지 3년 만에 둘째를 낳았다. 이미 한 번 경험한 일이라 당혹스러움은 덜했지만 외로움과 힘듦은 여전했다. 그렇게 하루하루를 보내다가 둘째가 10개월쯤 되던 어느 날 우연히 동네 도서관에서 진행한 북스타트 교육(생후 3~18개월 아이 대상으로 책과 함께 키우자는 부모교육 운동의 일환)에 참여하게 됐다. 원래는 전화 예약을 했어야 했는데, 취소한 사람이 있으니 그냥 참석해도 좋다는 담당자의 안내로 함께할 수 있었다. 두 명의 자원봉사자가 어릴 때부터 아이에게 책을 읽어주는 일의 중요성과 그림책을 읽어주는 방법 등을 안내해주고 책꾸러미 가방도 나눠주었다.

행사가 끝나고 "책과 함께 아이 키우기를 여러분이 함께 해보시는 건 어떠세요?"라는 담당 선생님의 제안으로 열 명의 엄마들이 마주 앉게 되었다. 앞으로 엄마들끼리 '품앗이 그림책 읽어주기 모임'을 하자고 의견을 모으는데, 순간 머릿속에 불빛이 번쩍했다. 첫아이를 낳고 한창 육아우울증에 시달리던 어느 날 들었던 그 이야기가 떠올랐기 때문이다. 동네 아줌마들이 작은 재능을 모아서 '품앗이'로 아이들을 키운 이야기!

"제가 온라인 커뮤니티를 열게요. 카페가 있으면 지속적인 활동을 하기에 편할 것 같아요." 나는 누가 시키지도 않았는데 온라인 커뮤니티를 만들겠다고 자처했다. 첫 만남 후 딱 일주일 뒤, 드디어 '은평북스타트맘'이라는 이름의 온라인 커뮤니티를 시작하고 엄마들과 품앗이로 그림책 읽어주는 모임을 2주에 한 번 진행하기로 했다. 그때가 2012년 6월이었다.

그냥 혼자 처박혀 애 키우고 말지!

모임을 시작한 지 얼마 되지 않은 어느 날, 우연히 은평구 소식지에서 '마을공동체 지원사업'이라는 홍보 안내를 보게 되었다. '3인 이상이면 신청 가능'이라는 글귀가 눈에 띄었다. '우리 모임 인원이면 충분하겠는데? 더군다나 예산까지 받을 수 있다니!' 하지만 과연 우리가 지원을 할 수 있는지, 또 그 일을 위해 준비해야 하는 과정을 잘 몰라 선뜻 나설 수 없었다. 그런데 품앗이 멤버 중에 가까이 사는 한 언니에게 가볍게 이야기를 꺼냈더니 매우 반기면서 한번 해보자는 게 아닌가? 다음 날 오전, 언니한테서 바로 연락이 왔다. "알아보니 우리도 할 수 있겠더라. 양식 다 뽑아놨으니까 다 같이 모여서 의논해보자!"

며칠 후 우리는 아기띠를 매고 마트 푸드코트에 모여 앉았다. 손에는 카페를 통해 공유한 '마을공동체 지원서 양식'이 들려 있었다. 신청을 위해 단체등록을 하면서 나는 엉겁결에 대표가 되었다. 단체명을 '은평품앗이육아'로 정하고 지원 서류도 그럭저럭 작성해서 제출했다. 얼마 후 서류에 합격했으니 면접 보러 오라는 연락을 받았고, 마지막 과정까지 무사히 통과해서 우리는 덜컥 작은 품앗이 모임에서 '서울시 마을공동체'가 되었다. 비로소 내가 그토록 바라던 품앗이 육아의 새로운 장이 열린 것이다.

하지만 기쁨도 잠시! 사업을 진행할수록 이 일이 과연 아이들을 위한 일인지 회의감이 들기 시작했다. 애초에 계획한 사업 진행을 위해 의견을 모으고 조율하느라 애들은 저쪽으로 밀어놓고 진땀을 빼야 했다. 회의가 길어져서 아이들 끼니를 놓치는 일이 다반사였다. '아니, 좋은 엄마가 되려고 품앗이 육아를 시작했는데, 이렇게 하는 것 맞아?'라는 의문이 떠나지 않았다. 다들 말은 하지 않아도 애들이 울다 지치는 모습을 보면서 하나같이 멘탈이 붕괴되고 있었다. '그냥 집에 혼자 처박혀 애 키우고 말지, 외롭지 않게 육아 좀 해보겠다고 나와서 왜 이 생난리인가' 하는 생각이 암암리에 퍼지고 있었다. 더군다나 사람들의 의견은 왜 이렇게 다양하고 입장 차이는 왜 이리 극명한지…. 정말 울고만 싶었다.

하나의 공동체로 순조롭게 굴러가기 위해서는 참으로 많은 문제와 아픔들이 뒤따랐다. 운영진은 당초 계획대로 마을공동체 지원 사업에 준하는 행사 진행하랴, 외부 기관들과 연계하랴, 내부에 문제가 없는지 수시로 살피면서 앞으로의 행사도 준비하랴 엄청난 에너지를 쏟으며 힘들어했고, 회원들은 회원들 대로 소통 부재로 인한 불만을 호소해왔다. 그럴 때마다 운영진은 서운한 마음을 갖게 되고, 또 회원들은 운영진을 못마땅해하는 일이 빚어졌다. '내 맘 같지 않은 사람들과 이런 모임을 지속해야 하는 걸까? 하긴, 세상에 나랑 딱 맞는 사람은 없지. 사랑해서 결혼한 남편도 내 맘 같지 않아서 속 뒤집는 날이 허다하지 않은가?' 이렇게 수없이 마음을 다독였다.

　단지 '육아'라는 공감대 하나만으로 서로 같은 마음일 거라고 확신하는 것은 매우 위험하다는 사실을 알게 됐다. 더군다나 아이들과 함께 모임을 진행하다 보면 가치 기준이 천양지차다. 공동의 모임이라고 해서 개개인의 주관적인 가치나 판단을 가볍게 여기면 안 될 일이었다. 아이의 성장에 맞춰 움직이는 품앗이 육아에서 어떤 객관적인 지표나 규칙을 들이대어 방향을 잡으면 매우 경직되고 불쾌한 모임으로 변질될 가능성이 크다는 것을 경험으로 조금씩 알 수 있었다.

　모임을 위한 작은 규칙들은 있다 할지라도, 그 속에서 서로의 입장 차이를 충분히 듣고 모두가 합의할 수 있는 기준을 끊임없이 모색해가는 것이 '마을공동체'의 지향점이 아닐까? 특히 나와 다른 의견을 나에 대한 '반기'라고 여기게 되면 큰 분쟁으로 번질 우려가 있다. 의견은 그저 의견으로 접근해야지, 그 사람에 대한 감정에까지 개입하면 안 된다는 점도 아슬아슬한 경험들을 통해 서서히 알게 되었다.

드디어 우리가 꿈꾸던 공간이 생기다

우리는 '북스타트'로 시작한 모임이기 때문에 그 취지와 정체성을 살려 '책과 함께 자라는 아이와 엄마'라는 슬로건으로 마을공동체사업 계획을 세웠다. 2주에 한 번 하던 모임을 일주일에 두 번으로 늘려, 하루는 아이들을 위한 '엔젤데이'로 정해 아이들에게 그림책을 읽어주고 아이 월령에 맞는 수업을 엄마들이 직접 준비해서 '엄마표 수업'을 진행했다. 앞으로 아이들에게 좋은 그림책을 보여주기 위해서는 우리가 먼저 좋은 그림책을 선별할 수 있는 눈을 키워가는 게 필요하다는 판단했다. 그래서 일주일에 하루는 '맘스데이'로 정해 그림책 이론서와 함께 좋은 작가의 그림책들을 읽고 같이 토론하는 시간을 가졌다.

'엔젤데이'는 아이들을 중심으로 하기 때문에 큰 무리가 없지만, '맘스데이'는 아이들이 부산스럽게 움직이는 가운데 엄마들끼리 토론을 진행해야 해서 다소 버거웠다. 간혹 '굳이 이렇게까지 해야 하냐'는 반발이 일기도 했다. 하지만 아이들은 돌아다니면서도 엄마들이 책으로 이야기를 나누는 모습을 보고 배운다. 서로 다른 의견을 경청하고 공감하는 엄마들을 보면서 아이들은 알게 모르게 '소통'과 '공감'을 배우게 된다.

이 초심을 이어가기 위해, 신입 멤버들을 모집할 때마다 '맘스데이' 운영의 당위성을 강조하는 편이다. 엄마들이 그림책을 통해 아이들의 세계를 어떻게 이해할지 알아갈 뿐 아니라 어떤 부모가 되

"아마 나는 이 모임이 없었다면 벌써
우울증에 걸렸거나 우리 애 사교육
시키겠다고 혈안이 되어 있을 거야."

어야 할지에 대한 담론이 이어질 수 있는 장, 또 엄마이기 전에 어떤 삶을 살아야 할지에 대한 생각을 키워주는 기회가 된다는 이야기를 많이 듣는다. 점점 빠르게 변하는 시대에 부모들은 불안하고 혼란스럽기만 하다. 그런데 이런 공부를 통해 불안한 마음을 나누고 서로 부족한 생각을 채우면서 대안을 찾아볼 수 있다는 점에서 그 의미는 실로 크다.

처음 활동을 시작할 때는 북스타트 행사를 하던 도서관에서 장소 지원을 해주었지만, '마을공동체'로서의 의미를 확장하고 더 많은 이들과 함께하기 위해서 새로운 장소 마련이 시급했다. 많은 시도와 노력 끝에 신사종합사회복지관을 만났고, 2013년 초 그곳에서 2기 모집을 위한 오픈 수업을 진행할 수 있었다. 처음 열 명으로 시작된 모임은 어느덧 서른 명이 훌쩍 넘는 엄마들로 구성되었고, 월령별로 세 모둠으로 나누어 진행되었다. 그리고 얼마 뒤, 우리의 활발한 활동을 인상 깊게 본 복지관 측에서 육아사랑방으로 쓰라며 빈 공간을 내어주어 모두의 가슴을 울렸다. 인구 밀도가 높은 서울 한복판에서 함께 모일 수 있는 공간을 마련하는 건 보통 힘든 일이 아니다. 그런 점에서 초기부터 지금까지 공간을 지원해주고 있는 응암동의 꿈나무도서관과 신사종합사회복지관은 우리의 지속과 성장에 큰 도움을 주고 있는 감사한 곳이다.

이렇듯 주변의 도움으로, 우여곡절 속에서도 2012년부터 3년 연속 서울시 마을공동체로 선정될 수 있었다.('서울시 마을공동체 지원사업'은 최대 3년까지 지원받을 수 있는데, 해를 거듭할수록 경쟁이 치열해

겨 지속적인 지원을 받는 게 쉽지 않다.)

이 맛에 품앗이 육아를 하지!

"각자 반찬 한 가지씩 가져와서 수업 끝나고 같이 점심 먹어요." 어느 날, 단체 카톡 창에 누군가 제안을 했다. 사람들의 가방은 평소보다 묵직해 보였다. 엄마표 수업이 끝나고 각자 가져온 반찬을 꺼내놓았다. 한 가지씩 가져오기로 했지만 누군가는 두세 가지 반찬을 더 챙겨 와서 풍족한 찬을 선사했고, 밥도 넉넉히 담아 와 부족한 사람이 없는지 서로 살피기 바빴다. 아이를 키우면서 내 끼니 한 번 챙기는 것도 정말 어려운 일인데 그 고충을 '행복한 밥상 잔치'로 승화시킨 것이다. 입이 즐거우니 마음도 풀어지고 기분이 좋아졌다. 그런 엄마들을 보는 아이들도 기분이 좋은지 맘껏 뛰어 놀았다.

이것이 바로 품앗이 육아의 매력이다. 우리끼리 별것 아니라고 여겼던 이 모임이 새로운 이들의 감탄을 자아낼 때 어깨가 으쓱해진다. 단지 모였을 뿐이고 좀더 모여보려고 애썼을 따름인데, 집에서 홀로 아이를 키우던 엄마들은 처음 이곳에 오면 대단하고 놀랍다며 찬사를 보내곤 한다. 그동안 어둡고 외로웠던 육아의 터널을 환한 길로 바꾸고 싶다며 손을 내밀 때 우리는 참 뿌듯하다.

"잘할 수 있을지는 모르겠지만 최선을 다해볼게요"라며 서로 수

좁게 인사하던 사람들이 어느덧 따뜻한 공동체 의식을 발휘할 정도로 성장한 것을 보면 매우 기쁘다. '아, 이곳은 참말로 우리의 달란트를 발현하는 새로운 장이로구나!' 하고 너무 신이 난다. 애만 키우던 아줌마들이, 함께 애를 키우면서 자신을 찾는 곳이 바로 이곳이구나 하며 어깨가 들썩거린다.

"눈을 뜨면 갈 곳이 있다는 게 행복해요."
"저는 품앗이 육아 덕분에 산후우울증이라는 걸 몰랐던 것 같아요."
"여기가 아니었다면, 저는 진짜 어떻게 됐을지 상상도 할 수 없어요."
"이곳은 저에게 목욕탕 같은 곳이랍니다. 육아로 찌든 때를 말끔히 벗겨주는 곳이거든요."
"친정이 멀어서 갈 수 없는 저에게 친정 같은 곳이죠."

외로운 육아를 하던 엄마들은 눈을 뜨면 만날 사람이 있다는 게 그저 행복하다고 한다. 갈 수 있는 어딘가가 있다는 그 자체만으로도 너무 좋단다. 처음에는 낯설어서 마음을 터놓고 어울리기까지 시간이 걸렸지만, 적어도 홀로 속 뒤집히는 육아를 하는 것보다는 나았다고 입을 모은다. 비싼 돈 주고 다니던 문화센터에서도 아이에게 친구를 사귀게 해주고 싶었지만 관계를 이어가기 어려웠던 것에 비하면 자연스럽게 아이에게 친구들이 생긴 것만으로도 너무 큰 행복이라고 말한다.

처음에는 '뭐 저런 사람이 다 있지?' 했던 이들과 지금은 격의 없이 지내기도 한다. 이제 정말 친해져서 "나 그때 너 이상한 사람인 줄 알았어"라고 웃으며 지난날의 오해를 풀기도 한다. 나도 모르게 마음에 벽이 둘러쳐진 어른이 되었지만 '어쩔 수 없이' 어울려야 하는 공동체 덕분에 다른 이들에게 스스럼없이 다가갈 수 있게 되었다.

한 사람이 낸 아이디어에 다른 한 사람이 살을 붙이고 또 다른 의견이 더해져서 빛나는 프로젝트로 이뤄지는 일도 셀 수 없이 많다. 우리는 어느덧 작은 아이디어들을 모아 모임을 더욱 멋지게 만들어갈 수 있음을 알게 되었고, 혼자서는 그저 생각으로 그쳤던 일들이 다른 이들과 함께하니 행동으로 옮겨지는 기쁨과 성취를 이곳에서 맛보았다. 혼자 책상에 콕 박혀서 죽도록 공부해서 얻은 좋은 결과보다 더한 희열이었다.

좌충우돌하며 넓어진 엄마들의 그릇이 이젠 지역과 사회의 연대로까지 뻗어나가고 있다. 지역의 단체들과 연대해서 엄마들과 아이들의 쉼터인 '마더센터' 만드는 일에도 참여하고 있으며, 마을공동체로서는 관록 있는 모임이 되었기에 앞으로 어떻게 자리매김할지 고민하며 다른 마을공동체를 탐방하거나 다양한 교육프로그램에 참여해 공부하기도 한다.

최근에는 동네 놀이터에서 아이들을 불러 모아 재미있는 그림책을 읽어주기도 하고, 함께 율동도 하고 노래도 부른다. 처음엔 내 아이 하나 챙기기도 버거웠던 엄마들이 이제 동네 아이들에게까지 무엇을 줄 수 있을지 고민하는 모습이 아름답다. 내 아이가 행복하기 위해서는 다른 아이들도 행복해야 한다는 사실을 알게 되었고, 이 사회 속에 우리 아이들이 어떻게 자라가고 있는지 좀더 관심 있게 바라볼 수 있는 눈을 자연스럽게 키워가고 있는 것이다.

아마도 집에서 아이와 단둘이 지냈다면 알 수 없었을 것이다. 사람에 대한 이해와 협력, 공감의 필요성을 뼈저리게 느끼면서 때로는 나를 아프게 했던 사람들 속에서 다시 위로 받고 힘을 얻는다. 이렇게 우리는 품앗이 육아를 통해 엄마수업, 인생수업을 제대로 받고 있는 중이다.

오! 놀라워라, 품앗이 육아가 내 꿈을 이루어주네!

이제 와서 하는 부끄러운 고백이지만, 사실 초기에 품앗이 육아 대표로 활동할 때 억울하고 울화가 치민 적이 한두 번이 아니었다. '아니, 내가 왜 좋은 소리도 못 들으면서 돈 받고 하는 일도 아닌데 마치 직장이나 되는 듯이 일하고, 정작 내 애들은 돌보지도 못하면서 이 일을 해야 하는 거지?' 이런 질문을 나 자신에게 수없이 던졌다. "이웃을 네 몸같이 사랑하라"는 성경 말씀을 붙잡고 매번 모임 전에 기도하고 지혜를 구하면서 신앙의 힘으로 견뎌냈다.

하지만 지나고 보니 가장 큰 수혜자는 바로 나였다. 그렇게 아팠던 이유는 내가 부족했기 때문이고, 이제껏 한번도 해본 적 없는 일이었기에 겪은 '성장통'이었다. 당시에는 죽을 듯 힘들고 아팠던

동네 놀이터에서 그림책을 읽어주고 있다.
처음엔 내 아이 하나 챙기기도 버거웠던
엄마들이 이제 동네 아이들에게까지 무엇을
줄 수 있을지 고민하는 모습이 아름답다.

시간이었는데 지나고 보니 그 어디에서도 받을 수 없었던 인생수업이었던 것이다.

　가장 크게 덕 본 것은 내 아이를 편안하게 키울 수 있게 되었다는 점이다. 만일 품앗이 육아 경험 없이 나 혼자 아이를 키웠다면 여전히 불안감에 사로잡혀 어떻게 하면 영재로 키울까 고심하면서 사교육에 휘둘리는 엄마로 허둥지둥 살았을 게 분명하다. 품앗이 육아를 통해 아이 자체의 소중함, 그저 매 순간 꾸준히 훌쩍 자라는 아이들을 바라볼 수 있는 것만으로도 얼마나 감사하고 기쁜 일인지 깨닫게 되었다. 마을공동체 활동을 하면서 폭넓은 네트워크로 '대안적 삶'을 알게 되었고, 지속 가능한 삶을 위해 또 함께 살기 위해 어떻게 살아야 하는가를 생각하게 되었다. 내 아이만 행복하고 내 아이만 잘나서는 누구도 만족스러운 삶을 살 수 없음을 알게 되었다.

　내가 얻은 것은 이런 내적 성장뿐만이 아니다. 조금 쑥스럽지만, 보잘것없던 내가 품앗이 육아를 통해 그동안 바라던 일들을 얼마나 많이 이루었는지 몇 가지를 소개해본다. 큰아이를 낳고, 육아우울증을 이겨내기 위해 여건이 되는 대로 친정어머니에게 아이를 맡기고 여기저기 좋아하는 작가나 명사들의 강의를 들으러 다니면서 삶의 희망을 찾곤 했는데, 당시에 나도 모르게 '언젠가 나도 저렇게 많은 사람들 앞에서 강의를 하며 누군가의 삶에 도움을 줄 수 있으면 좋겠다'는 막연한 꿈을 품곤 했다. 하지만 내심 '내가 무슨 재주가 있어서?'라는 의구심에 영영 그럴 일은 없을지도 모른다고 여겼다.

그런데 불과 몇 년 뒤, 은평품앗이육아가 주목을 받으면서 이곳저곳에서 우리 사례를 이야기해달라는 강의 의뢰가 들어왔다. 그중에서도 서울시육아지원센터 요청으로 서울시의 육아반장님들을 모두 모셔놓고 대강당에서 한 강의는 무척 짜릿한 경험이었다. '이렇게 큰 강당에서 내가 강의를 하다니.' 딱히 내세울 만한 전문성이 없었던 내가 품앗이 육아를 끌어가면서 얻은 노하우를 누군가에게 전할 때 그들의 눈이 반짝이는 것을 보는 경험은 내게 꽤 큰 성취감을 안겨주었다.

또 어릴 때부터 글쓰기를 좋아했던 나는 '언젠가는 꼭 글을 쓰는 사람이 되어야지' 하며 지내왔는데 아이를 낳은 후 우연한 기회로 품앗이 육아 이야기를 〈베이비뉴스〉에 연재하게 되었다. 뿐만 아니라 『서울시 마을공동체 사례집』에 우리 이야기를 쓰면서 책을 어떻게 쓰는지도 꼼꼼히 배울 수 있었다. 그 인연으로 서울시의 대표적인 공동육아 모임들을 취재해서 『함께라서 즐거운 육아』라는 이름의 공동육아 사례집도 만들고, 이듬해에도 같은 곳에서 마을 활동 하는 분들과 함께 『공동체 가이드북』을 만들었다.

작년 3월에는 예전부터 알고 지내면서 나의 모든 활동을 지켜본 진한 언니가 태교에 좋은 그림책을 안내하는 책이 없다면서 함께 써보지 않겠냐는 제안을 했다. 독서 관련 강사와 관련 도서 저자로 유명한 언니였기에 이미 출판사와 이야기를 마쳤다며 두 분을 더 섭외해 공동 저술을 시작했다. 덕분에 셋째를 임신한 상태에서 뱃속 아이와 함께 그림책을 보면서 책을 쓸 수 있었다. 그림책을 매개로 은평품앗이육아에서 했던 활동이 아니었다면 불가능했을 일이다.

책을 내고 문득 그림책을 매개로 엄마들과 함께 자신의 삶을 나누어보면 좋겠다는 생각이 들던 차, 생각하는 대로 이루어지는 걸까? 마을공동체 활동으로 인연을 맺게 된 하자센터 선생님께 책을 드렸더니 내용이 너무 좋다면서 저자와의 만남으로 지역 엄마들을 초대하는 시간을 마련하고 싶다고 했다. 공저인 만큼 같이 쓴 다른 분들과 함께하면 더 좋을 듯해서 모두 함께 가서 이야기를 나눴다. 그 뒤 이야기를 나눈 엄마들이 그림책이 그렇게 좋은지 몰랐다면서 좀더 알고 싶다고 해서 4주 과정으로 그림책 워크숍을 진행했다. 며칠 고심하면서 계획안을 짰고, 4주 동안 그림책으로 서로의 이야기를 스스럼없이 나누면서 삶의 참 가치가 무엇인지 함께 탐구했다.

그즈음 신사종합사회복지관에서도 강의를 해달라는 연락이 왔다. 전에 내가 담당 선생님께 그림책으로 하는 인문학 수업을 열어보고 싶다고 얘기한 것을 기억하고 연락을 주신 것이다. 6주에 걸쳐 30대부터 60대까지 다양한 분들을 만나 한층 풍요로운 이야기를 나눌 수 있었다. 도리어 내가 더 많이 배우고 느낀 행복한 시간이었다. '앞으로도 이렇게 주변 사람들과 그림책을 통해 삶의 가치를 찾는 일을 하고 싶다'는 생각으로 더 많이 공부하려 애쓰고 있는 요즘이다.

품앗이 육아를 하면서 달라진 삶

요즘에는 초등 저학년 독서수업을 하고 있다. 아이들에게 그림책 읽어주는 활동을 하고 싶어서 셋째가 생후 3개월쯤 되던 때부터 동네 마을도서관에서 아기를 안고 '그림책 읽어주기' 봉사활동을 시작했다. 그렇게 관장님과 친분을 쌓게 되어 이런저런 이야기를 나누다가 도서관 내에 공간 하나를 빌려 쓰게 되었다. 글쓰기 작업실로 쓸 생각이었는데, 먼저 아이들과 독서수업을 하고 싶어졌다. 수업 이름은 '키득키득 고전 읽기 수업'. 오며가며 구경하던 아이들이 자기도 하고 싶다고 엄마를 졸라 한 달 만에 반이 하나 더 늘어 지금은 두 반을 운영 중이다. 아이들 연령에 맞는 고전을 함께 낭독하고 느낀 점을 그림이나 말로 표현하고 글쓰기와도 친해질 수 있게 가르치고 있다.

집이 가난해 부모님이 맞벌이로 바쁘셨던 탓에 어릴 때부터 나는 늘 외로웠다. 엄마가 된 이후 유년 시절을 떠올리며 '책과 함께 아이들에게 꿈을 심어주는 멘토가 되고 싶다'는 꿈 하나를 감히 가슴에 새겼다. 쉽게 이뤄질 꿈이라고 생각지는 않는다. 하지만 내가 만나는 아이들이 미래에 훌륭한 인재로 자라날 아이들이라 믿고 매시간 최선을 다하려 애쓴다. 순간순간 아이들의 이야기에 귀를 기울이고 존중하면서, 재미있게 공부하며 성장해갈 수 있도록 그저 돕기만 해도 내 역할을 충분히 하는 거라 생각한다.

얼마 전에는 아동문학 작가의 꿈에 한 발짝 다가서기 위해 동화

창작 수업을 들었다. 두 달 동안의 수업을 마치면서, 한 아이와의 에피소드를 소재로 작품을 써서 선생님께 보여드렸더니 이 정도면 그림책으로 내도 될 것 같다고 하셨다. 덕분에 용기를 내서 한 출판사와 계약하고 이제 곧 출간을 앞두고 있다.

이 모든 일이 품앗이 육아 모임 하나에서 비롯된 것이다. 품앗이 모임, 마을공동체 대표와 컨설팅위원, 강의와 저술, 아이들과의 수업, 그림책 작가…. 누가 봐도 별것 아닌 선택과 소소한 일들이 모여서 작은 줄기를 만들고 그것이 가지를 뻗고 뻗다 보니 어느덧 나도 모르게 큰 성장의 길로 접어들게 되었다. 단언컨대, 품앗이 모임이 아니었다면 나의 이런 가능성을 발견할 수 없었을 것이다.

"세정아, 내 딸이지만 엄마는 네가 참 존경스럽다." 『엄마의 그림책』이 출간되고 부모님께 선물로 드렸을 때 친정엄마가 하신 말씀이다. 지금까지 한 번도 나 자신에 대해 자신감을 갖지 못했던 나였는데 이제는 나를 누구보다 잘 알고 있는 엄마가 그런 말을 해 주니 가슴이 찌릿하고 뭉클했다.

세 아이를 키우면서 강의하고 글을 쓰고, 또 아이들을 위한 수업과 그림책 읽어주기 자원봉사를 하는 건 결코 쉽지 않다. 하지만 공동체 활동을 하면서 헌신의 가치가 결코 타인에게 영향력을 미치는 데만 있지 않고 나 자신을 단단히 하는 데 더욱 큰 밑거름이 된다는 사실을 알았고, 이것이 진리라는 것을 확신하게 되었다. 그러니 도리어 한 치의 물러섬 없이 견딜 만한 힘을 갖게 되는 건 당연한 일 아닐까?

공동체, 이제 내 삶에서 없어서는 안 될 무엇

품앗이 육아의 맹점 중 하나는 아이를 좀 키우고 나면 공동체를 떠난다는 것이다. 그런 점에서 문득 '꼭 내 아이가 함께해야만 품앗이 육아일까?' 하는 의구심이 생긴다. 다른 집 아이와 엄마를 돌보는 사회적 부모 역할도 할 수 있지 않을까? 굳이 육아가 아니라도 자신이 가치 있게 여기는 것을 토대 삼아 모임이나 공동체를 일궈가다 보면, 다른 이들과 더불어 배우면서 실천할 힘을 얻게 된다. 또 부모로서 어떤 마인드를 가져야 할지 끊임없이 성찰하게 되면서 중심을 잃지 않을 수 있다.

여럿이 어울리는 것보다 혼자 책 보고 생각하고 글쓰는 것을 좋아하는 나지만, 품앗이 육아를 하며 공감대가 통하는 사람들과 어울리면서 어느덧 '모임 만들기'의 달인이 되었다. 공감대가 맞는 이들과 모임을 만들고 내밀한 이야기를 나누는 건 정말 뜻 깊고 행복한 일이다. "아마 나는 이 모임이 없었다면 벌써 우울증에 걸렸거나 우리 애 사교육 시키겠다고 혈안이 되어 있을 거야." 품앗이 육아 모임의 아기 엄마들을 위한 독서 모임 '엄마는 책벌레'의 한 멤버가 들려준 이 말은, 셋째 아이를 임신한 만삭의 몸으로도 대중교통으로 퇴촌에서 은평까지 달려갔던 내 열정을 뿌듯하게 만들어 주었다.

2014년, 남편 회사가 분당으로 옮겨가면서 아이들이 안심하고 뛰놀면서 자랄 수 있는 곳을 찾아 경기도 퇴촌으로 이사를 하게 되었다. 마을공동체 활동을 하면서 정이 든 은평을 떠나는 일은 쉽지 않았고, 이사 와서도 이전에 했던 활동과 사람들을 그리워하면서 지냈다. 난생 처음 우울증이라는 것도 겪었으니 말이다. 그래도 아이들이 이곳에서 편안하게 자라는 모습을 보면서 서서히 적응해서 살고 있다.

뜻이 있는 곳에 길이 있다는 말처럼, 이야기가 통하는 사람들과 공간을 만나게 되어 작년 말부터는 우리 동네에서 '행복한 글바라기'라는 모임을 만들어 일주일에 한 번씩 모이고 있다. 모임을 시작한 지 4개월밖에 되지 않았고 아이들 방학으로 두 달 동안 거의 만나지 못했음에도 벌써 150편 넘는 글이 쌓였다. 생각과 마음에만 머물던 것들을 글로 표현하고 나누는 과정에서 얻게 되는 치유 효과는 함께일 때 더욱 시너지가 난다. 지나온 삶에서 '글'이 내게 얼마나 큰 힘이 되었는지 잘 알기에 글쓰기에 관심 있는 이웃들과 속내를 드러내고 글쓰기의 즐거움을 계속 나누고 싶다. 이렇게 계속 함께 글을 쓰다가 언젠가는 같이 책을 내거나 우리 동네 마을신문을 만들어보면 어떨까 내심 꿈꾸고 있다.

"그렇게 바쁜데 도대체 애 셋은 어떻게 키우는 거야?" 일을 만들어 하는 나를 보고 많은 이들이 묻는다. 하지만 운동하는 사람들이 "시간이 없어서 운동을 못한다는 말은 거짓말"이라고 입을 모아 말하는 것처럼, 꿈이 있는 사람이 그 꿈을 위해 시간을 쪼갤 수 없다는 건 변명에 불과하다고 생각한다.

물론 다른 엄마들보다 아이들에게 조금은 소홀해질 수 있다. 우리 집은 아직 아이들이 어리지만 아이가 할 수 있는 일은 최대한 아이 스스로 할 수 있게 하는 편이다. 이제 19개월이 된 셋째는 식판에 밥이랑 반찬을 놓아주면 혼자 숟가락질을 해서 다 먹는다. 혼자서 할 수 있게 하는 과정에서 '과연 이것도 할 수 있을까' 싶을 때도 있지만, 그중 열에 아홉은 용케도 스스로 해낸다. 아이가 셋이기에 각자 알아서 하지 않으면 내가 감당할 수 없어서 그렇게 된 것이기도 하지만, 또래에 비해 스스로 할 수 있는 폭이 조금 더 넓은 것을 보면 오히려 엄마의 돌봄이 아이들의 능력을 떨어뜨리는 건지도 모른다는 생각이 든다. 정말 할 수 없을 때는 도와주는 게 맞지만, 아이들이 미처 시도해보지도 않은 상황에서 "너는 할 수 없으니 엄마가 도와줄게" 하는 것은 아닌 것 같다.

엄마들이 자라는 모임

어느덧 은평을 떠나온 지도 3년이 훌쩍 지났다. 멀리 퇴촌으로 이사 오긴 했지만, '엄마는 책벌레' 정기 모임을 위해 매달 은평을 찾았기에 그때마다 조금씩 소식을 전해 듣는다. 그동안 세 모둠으로 활동했있는데, 올해는 동생들 반을 늘여 다섯 모듬으로 운영하기로 했단다. 동생들 반이 잘 운영되어야 그들이 다음해 또 동생들을 맞이해 역할을 잘 할 수 있다는 것을 알게 되었기 때문이다. 품앗이 육아 모임이 잘 되려면 선배 엄마들이 중심을 잡고 후배 엄마들을 돕는 것이 중요하다.

1기 때부터 함께했던 멤버가 최근 대표를 맡게 되었다. 얼마 전 독서 모임에서 만났을 때는 많이 지쳐 보여 이제 품앗이는 그만하려는 건가 싶었는데 그녀의 대답은 의외였다. 품앗이에 대한 만족도는 일반회원이었을 때보다 대표를 맡은 지금이 오히려 더 높다는 게 아닌가. 자신의 의견이 비중 있게 반영되니 성취감도 크고, 애정도 더 생기고, 자신이 성장하는 느낌이 들어 정말 뿌듯하다고 했다. 어떤 회원들은 문화센터처럼 그냥 참여만 하겠다고 생각하는데, 스스로 이 공동체의 주인이라는 생각으로 나누고 기꺼이 내 것을 내어줄 수 있는 자세가 필요하다고 했다. 어린 아기를 둔 엄마들은 육체적으로 더 힘들기 때문에 먼저 활동한 엄마들이 좀더 포용심을 발휘할 필요도 있다고 말한다.

그녀는 벌써 6년차에 접어들고 있는데, 이렇게 오랫동안 연을 이어갈 수 있는 동력은 단연 '관계'의 힘이라고 한다. 지금 함께하는 사람들이 좋아서 편안하고 위로받는 느낌이라고. 어디서도 하지 못할 이야기를 툭 터놓고 할 수 있어서 좋단다. 사실 주부의 생활이라는 게 쳇바퀴 같은 일상일 수 있는데, 품앗이를 하면서 다들 알차고 풍성한 시간을 보내게 되는 것 같다며 미소를 지어 보였다.

그녀의 이야기를 듣다 보니 나 역시 얼굴에 옅은 미소가 번졌다. 그 속에서 자라는 것은 아이들이 아닌 오히려 엄마임을 확신할 수 있었기 때문이다. 비빌 언덕도 없이 캄캄한 터널을 지나고 있을 때 한줄기 빛이 되어준 품앗이 육아 모임에서 애정을 갖고 활동을 해가는 동안 그 빛이 삶 전체를 밝히는 태양이 되어주고 있음을 그들의 이야기에서 생생하게 느낄 수 있었다.

 2017년 올해 신입 회원 모집 결과가 어떤지 궁금해서 온라인 카페에 들어가보았다. 올린 지 며칠 안 되었는데 벌써 마감이다! 비록 멀리 떨어져 있지만, 처음 함께 시작한 사람으로서 다음을 이어가는 이들에 대한 관심과 애정이 남다르다. 부디 우리 품앗이 육아 회원들이 지금까지 자신들의 힘으로 묵묵히 끌어온 것에 자부심을 갖되, 자만하지 않고 늘 겸손한 마음을 잃지 말았으면 한다. 그래야 비빌 곳이 필요해서 온 아기 엄마들에게 따뜻한 언덕, 안식처가 되어줄 수 있을 테니 말이다.

마을육아

초판 인쇄 2017년 4월 30일 초판 발행 2017년 5월 4일
글쓴이 권연순 외 펴낸이 현병호 편집 장희숙, 정현주 디자인 이웅
펴낸곳 도서출판 민들레 주소 서울시 성북구 보문로 34가길 24
전화 02) 322-1603 팩스 02) 6008-4399
전자우편 mindle98@empas.com 홈페이지 www.mindle.org

이 도서의 국립중앙도서관 출판예정도서목록(CIP)은 서지정보유통지원시스템
홈페이지(www.seoji.nl.go.kr)와 국가자료공동목록시스템(www.nl.go.kr/kolisnet)에서
이용하실 수 있습니다.(CIP 제어번호: CIP 2017009972)

ISBN 978-89-88613-65-8 13590
잘못된 책은 바꾸어 드립니다.

흔들리며 길을 찾는
부모를 위한 책

두려움 없이 엄마 되기   자연스럽게 평화롭게 아이 낳고 키우기
신순화 씀 | 값 14,000원

병원의 도움 없이 평화롭게 아이를 낳아 키우면서 일상 속에서 배우고 성장하는 기쁨을 맛보는 한 엄마의 육아 일기. 각종 육아 이론이 난무하는 시대에 진정으로 필요한 것은 자라는 생명의 힘을 믿고 아이와 함께하는 일상을 소중하게 여기는 마음임을 되새기게 한다.

길들여지는 아이들   아이들 내면의 야성 어떻게 살릴까
크리스 메르코글리아노 씀 | 오필선 옮김 | 값 15,000원

아이들을 길들이는 현대 사회에서 아이들 내면의 생명력과 야성을 어떻게 살릴 수 있을까? 아이들 내면의 야성을 회복하기 위해 무엇을 할 수 있을지, 다양한 분야의 자료와 오랜 교사 경험을 토대로 설득력 있게 들려준다.

ADHD는 없다   ADHD로부터 아이 구하기
김경림 씀 | 값 12,000원

한 아이의 엄마가 들려주는 ADHD에 관한 불편한 진실. 약물치료는 학교를 위한 최선일 뿐, 아이에게는 최악의 선택일 수 있다! ADHD는 개인의 주의력 결핍, 과잉행동의 문제가 아니라 우리 사회의 인간에 대한 이해 결핍, 과잉 불안이 빚어낸 문제임을 밝힌다.

부모 내공 키우기   옆집 엄마에게 휘둘리지 않고 아이 키우는 법
이남수 씀 | 값 12,000원

옆집 엄마, 사교육 열풍에 휘둘리지 않고 아이를 키운 한 엄마가 후배 부모들에게 들려주는 조언. '솔빛이네 엄마표 영어연수'로 유명한 이남수씨가 영어 이야기 말고 진짜로 더 하고 싶었던 이야기. '좋은 부모 강박증'에서 벗어난 한 평범한 엄마의 가슴 찡한 성장기이자 아이와 함께한 길 찾기의 기록.

스스로 서서 서로를 살리는 교육,
그 길에 『민들레』가 피어납니다.

19년 동안 피어난 민들레

1999년 1월에 창간된 격월간 『민들레』는
'스스로 서서 서로를 살리는 교육'을
지향합니다.
상품화된 육아시장의 유혹을 넘는 법,
놀이와 놀이터, 폭력 없는 출산, 보호와 감시
같은 주제를 다루기도 하고, 대안학교나
홈스쿨링, 산촌유학 같은 대안적인
교육에 대한 다양한 이야기를 담아 내며
어른과 아이가 함께 성장하는 배움의 길을
열어가고자 합니다.

정기구독

낱권 9,500원 / 일 년 구독료 54,000원

정기 구독을 하시면 민들레에서 펴낸 책을
15% (신간은 10%) 할인해 드립니다.

10명 이상 함께 신청하시면 구독료를
10% 할인해 드립니다.

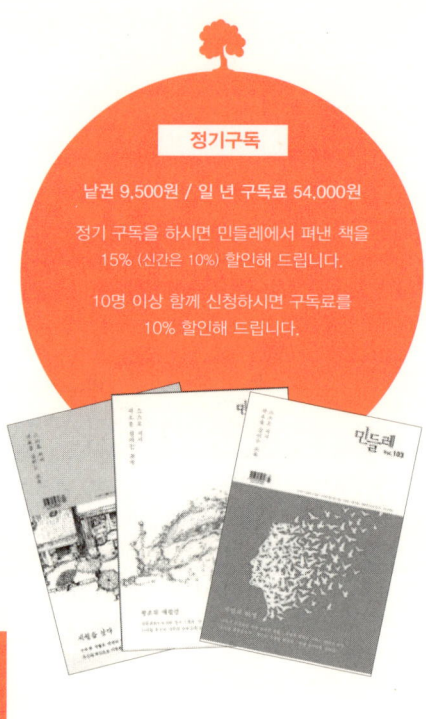

 서울시 성북구 보문로 34가길 24
02) 322-1603 | www.mindle.org

"아내에게 민들레를 선물하며"

출산을 앞둔 아내가 '아이를 어떻게 키워야 할까' 고민하며
꾸준히 읽을 수 있는 책이 있으면 좋겠다 해서 민들레를 선물했습니다.
아내와 함께 여러 서점을 돌아다니며 교육 잡지들을 살펴봤는데
대부분 거의 광고물과 다를 바가 없어서 실망하던 차에
대학 시절 현병호 선생님 글을 읽었던 게 생각났습니다.
제가 잊고 사는 동안에도 여전히 좋은 책을 만들고 계셨더군요.
자존감과 자립심을 가진 따뜻한 아이로 자랐으면 하는 바람으로
아내와 함께 민들레를 읽으면서 '좋은 부모 되기'를 배워가고 싶습니다.

_ 대전에서 이재택 독자